Gerhard Wanker · Bernhard Gritsch · Maria Schausberger

CLUB MUSIK 3

Arbeitsbuch für die 3. Klasse der
NMS und AHS-Unterstufe

HELBLING

Rum/Innsbruck • Esslingen

Mit Bescheid vom 30.10.2009, GZ: BMUKK-5.028/0003-Präs.8/2009, hat das Bundesministerium für Unterricht, Kunst und Kultur das Unterrichtsmittel „CLUB MUSIK 3" von Gerhard Wanker/Bernhard Gritsch/Maria Schausberger antragsgemäß in der vorliegenden Fassung gemäß §14 Abs. 2 und 5 des Schulunterrichtsgesetzes, BGBl. Nr. 472/86 und gemäß den derzeit geltenden Lehrplänen als für den Unterrichtsgebrauch an Hauptschulen und an allgemeinbildenden höheren Schulen für die 3. Klasse im Unterrichtsgegenstand Musikerziehung geeignet erklärt.

Dieses Unterrichtswerk umfasst:

Arbeitsbuch
SBNR 1822
ISBN 978-3-85061-524-2

Begleitbuch für Lehrende
S6332
ISBN 978-3-85061-525-9

Tonbeispiele/Playbacks auf 4 CDs
S6333CD
ISBN 978-3-85061-526-6

Multimedia-DVD
S6334DVD
ISBN 978-3-85061-527-3

Schulbuchnummer 1822

ISBN 978-3-85061-524-2

Inhalt

Zeichenerklärung

	Arbeitsaufgabe
	Tonbeispiel
	Multimedia-DVD Musikquiz, multimediale Spiel-mit-Sätze, Hörpartituren und Animationen
	Vokales Warm-up auf das jeweilige Lied abgestimmte vokale Aufwärmübungen zu den Bereichen Lockerung, Atmung, Sprechen und Singen
	Videobeispiel

Symbole für körpereigene Instrumente

	= mit den Fingern schnippen
	= in die Hände klatschen
	= mit dem rechten/linken Fuß sanft stampfen
	= beide Arme in die Höhe strecken
	= niedersetzen
	= aufstehen
	= mit den Händen auf die Oberschenkel klopfen (patschen)
	= mit einer Hand auf den Handrücken der anderen Hand tippen
	= dirigieren
	= Seitstellschritt nach rechts/links – auf nächstem Taktschlag anderen Fuß ohne Gewicht beistellen
	= mit leicht angehobenen Schultern die Handflächen nach unten drücken
	= wie eine Statue in einer Stellung verharren (Shape)
	= mit dem rechten/linken Arm einen Halbkreis nach rechts/links beschreiben
	= einmal im Uhrzeigersinn um die eigene Achse drehen

Quiz-Box

Nach einem oder mehreren Kapiteln ist das Wesentliche des jeweiligen Lerninhalts in Form von Fragen in der Quiz-Box zusammengefasst. Alle diese und weitere Fragen können im Computer-Lernspiel Musikquiz (Multimedia-DVD) beantwortet werden.

SINGING

Playback zu *Singing* A1

Text: Gerhard Wanker, Maria Schausberger
Musik: Gerhard Wanker · © Helbling

Hinweise

- Der Kanon soll im Stehen begonnen werden, damit die Textstelle „Clapping hands … taking a seat" (klatschen … setzen) entsprechend ausgeführt werden kann.
- Der dritte Stimmeneinsatz kann als Ostinato mit einem Bassinstrument eine Oktav tiefer gespielt werden.

◆ Offbeat

Offbeat heißt „weg vom Grundschlag" (= rhythmische Akzentverschiebung). In Melodien der Popularmusik und des Jazz werden häufig sogenannte Offbeat-Phrasen verwendet.

Im Kanon *Singing* kommen einige Offbeat-Phrasen vor. In den zwei Beispielen auf der nächsten Seite ist jeweils eine Phrase aus dem Kanon *Singing* im Offbeat und zum Vergleich im Beat notiert.

Beispiel 1

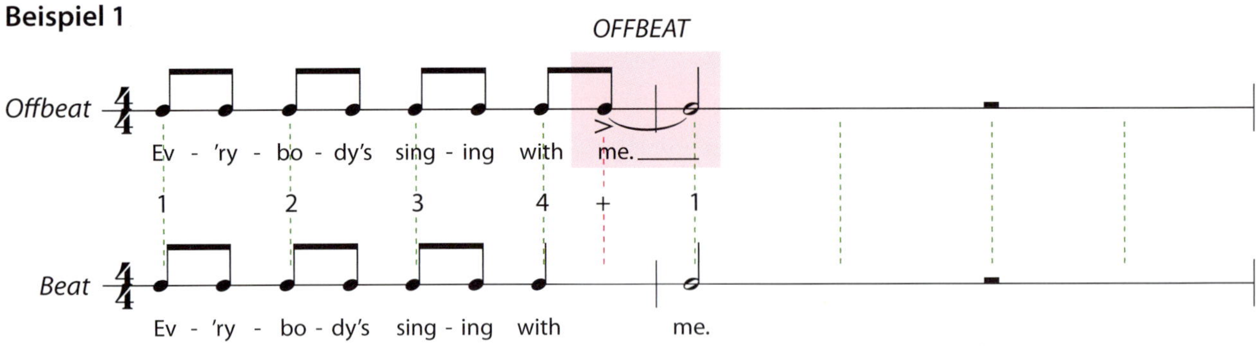

Beispiel 2

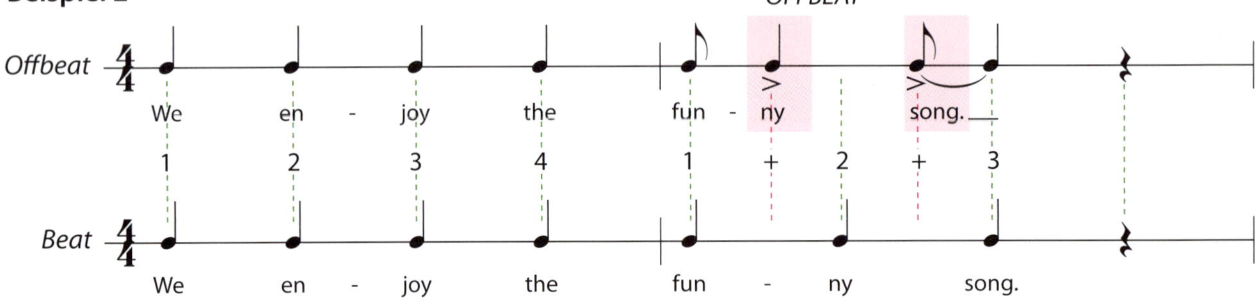

▶ Sprecht die obigen Beispiele einmal im Offbeat und einmal im Beat, wobei ihr mit dem Fuß die Grundschläge markiert!

OFFBEAT-SINGING

A2 Playback zu *Offbeat-Singing*

Musik: Gerhard Wanker
© Helbling

Offbeat-Singing besteht aus acht zweitaktigen Phrasen (Phrasen 5 bis 8 werden wiederholt). Beim Playback (Tonbeispiel A2) wird jede Phrase wiederholt.

▶ Hört beim ersten Mal auf die Melodie und singt sie bei der Wiederholung mit! Ihr könnt dabei selbst gefundene Singsilben verwenden (z. B. Phrase 1: Dab dab du-ba du dab dah).

Playback zu *Klatschspiel* A3

Gruppe 1

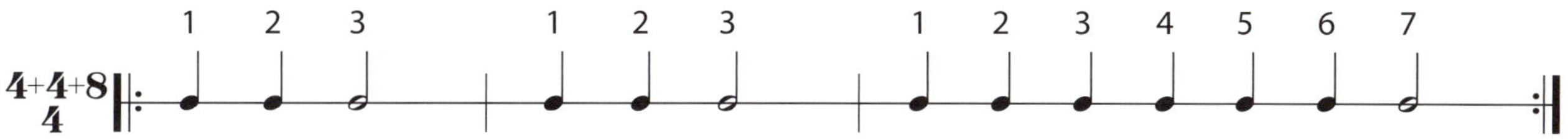

Gruppe 2

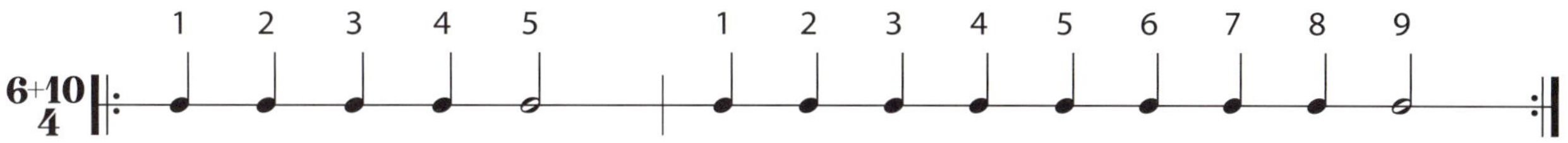

Gruppe 3

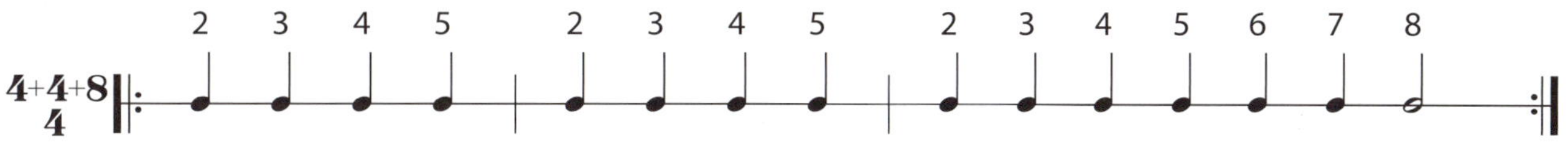

Körperaktionen

Die Ziffern 1 bis 9 über den Noten geben die verschiedenen Körperaktionen an, die ausgeführt werden sollen:

1 klatschen
2 mit der li Hand auf die Brust schlagen
3 mit der re Hand auf die Brust schlagen
4 mit der li Hand auf den li Oberschenkel schlagen
5 mit der re Hand auf den re Oberschenkel schlagen
6 mit der li Hand auf die li Pobacke schlagen
7 mit der re Hand auf die re Pobacke schlagen
8 li stampfen
9 re stampfen

▶ Führt das *Klatschspiel* in drei Gruppen aus! Gestaltet die verschiedenen Körperaktionen möglichst kontrastreich!
Erfindet mit den vorhandenen Körperklängen eigene Rhythmen und kombiniert sie miteinander!

1 = klatschen

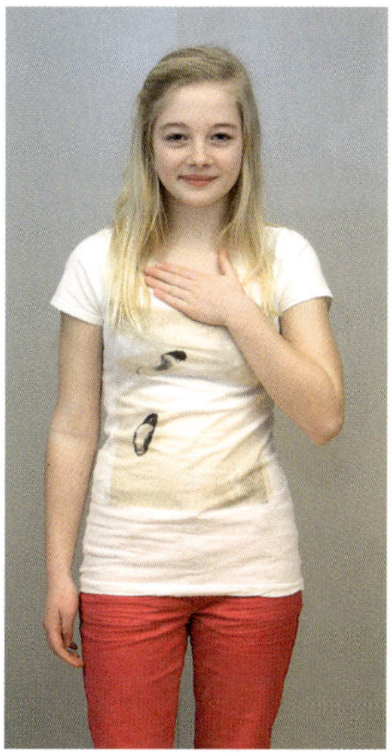

2 = mit der li Hand auf die Brust schlagen

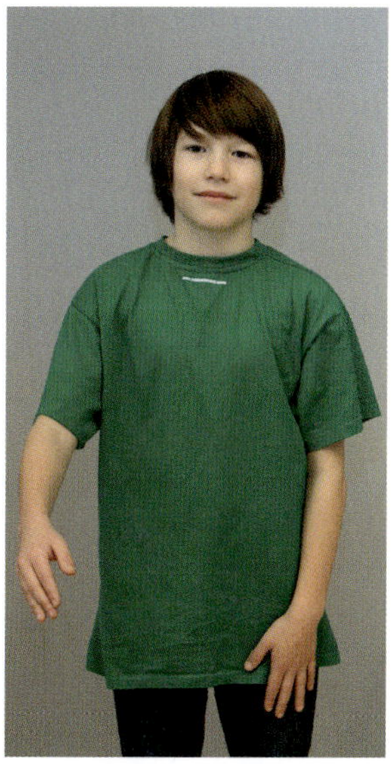

4 = mit der li Hand auf den li Oberschenkel schlagen

3 Schlaginstrumente

Bei den **Schlaginstrumenten** gibt es verschiedene Arten der Tonerzeugung.
Die Instrumente werden

- mit Schlägeln, Händen oder Fingern angeschlagen,
- gegeneinander geschlagen oder
- geschrapt (über eine gezahnte Oberfläche gerieben).

Die Mehrheit der Schlaginstrumente kann nur Geräusche produzieren. Auf einigen Instrumenten aus dieser Instrumentenfamilie kann man aber auch bestimmte Tonhöhen spielen. Bei den folgenden Tonbeispielen hört ihr, wie die unten abgebildeten Instrumente klingen.

A4–21

Beispiele zu Schlaginstrumente

1 *Pauken*

2 *Kleine Trommel*

3 *Große Trommel*

4 *Bongos*

5 *Congas*

6 *Tamburin*

7 *Becken*

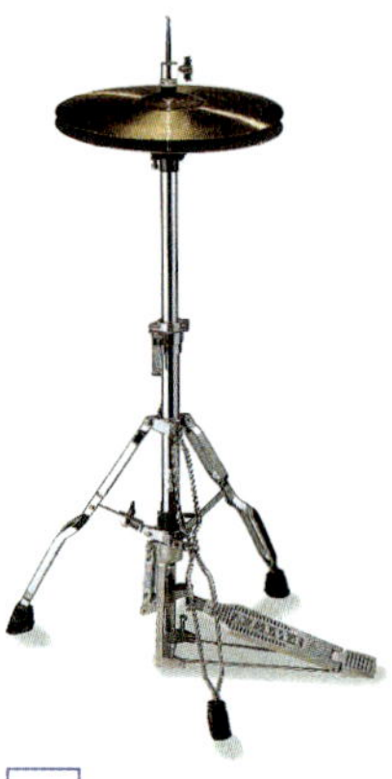

8 *Hi-Hat*

9 *Triangel*

10 *Tamtam*

11 *Cowbell*

12 *Claves*

13 *Maracas*

14 *Guiro*

15 *Tempelblöcke*

16 *Marimbafon*

17 *Vibrafon*

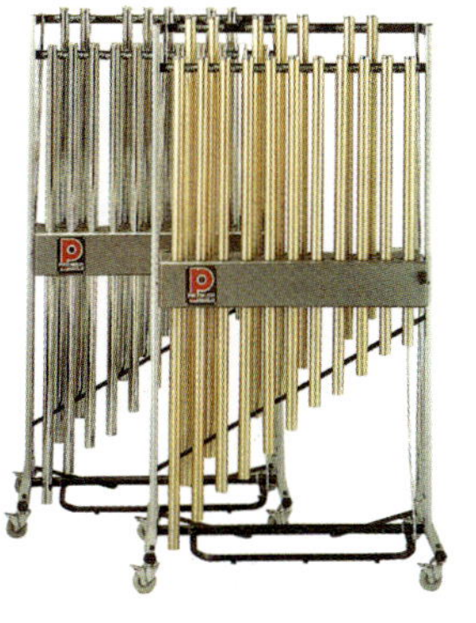

18 *Röhrenglocken*

Schlaginstrumente

Schlaginstrumenten-Quiz

Beispiele zu Schlaginstrumenten-Quiz

A22

- Im Tonbeispiel A22 hörst du alle 18 Instrumente, die du oben kennengelernt hast, in einer anderen Reihenfolge. Schreib die Nummern der gehörten Instrumente der Reihe nach in die Kästchen!

1	2	3	4	5	6	7	8	9	10	11	12	13	14	15	16	17	18

- Welche der abgebildeten Schlaginstrumente haben eine bestimmte Tonhöhe? Schreib die Zahlen der betreffenden Instrumente in die leeren Kästchen!

Schlaginstrumente hatten in der Musik lange Zeit nur eine Begleitfunktion. Im 20. Jahrhundert bekam neben dem Klang auch das Geräusch eine gleichberechtigte Stellung in der Musik. Aus diesem Grund gibt es heute viele Stücke, die nur mit Schlaginstrumenten (Perkussionsinstrumenten) ausgeführt werden. Das erste Stück dieser Art stammt vom französischen Komponisten **Edgar Varèse** (1883–1965 / 81 J.) und heißt *Ionisation*. Es stammt aus dem Jahr 1931 und ist für 13 Spielerinnen/Spieler, die 41 Schlaginstrumente und zwei Sirenen bedienen, geschrieben.

A23

E. Varèse, *Ionisation* – Ausschnitt

- Lass das Stück beim Hören auf dich wirken und versuch, einzelne Instrumente zu erkennen!

Das folgende Bild zeigt dir ein **Drum Set**.
Mit diesen Instrumenten spielt ein Schlagzeuger in einer Rock-, Jazz- oder Big Band.

Drum Set

A24

Dave Weckl, *7th Ave. South* – Ausschnitt

- Macht euch beim Hören des Tonbeispiels A24 die in der Zeitleiste unten angegebenen Funktionen des Schlagzeugs bewusst!

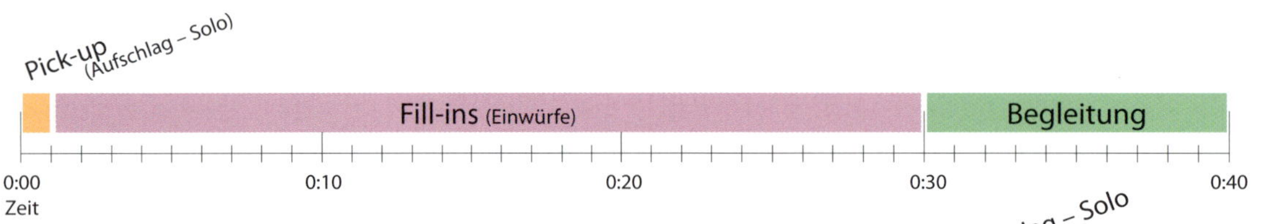

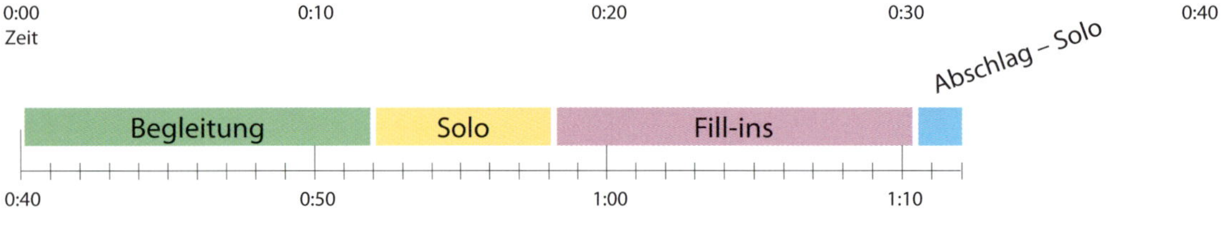

IDIO VON E

Idio von e ist ein Stück zum Selbermachen. Vorgegeben sind zehn Rhythmusbausteine.

▶ Diese Bausteine können:

- mit verschiedenen Schlaginstrumenten ausgeführt werden.
- mit einem Text versehen werden, der im Rhythmus gesprochen wird.
- in beliebiger Reihenfolge zusammengesetzt und hintereinander gespielt werden.
- gleichzeitig gespielt werden.
- wiederholt werden.
- …

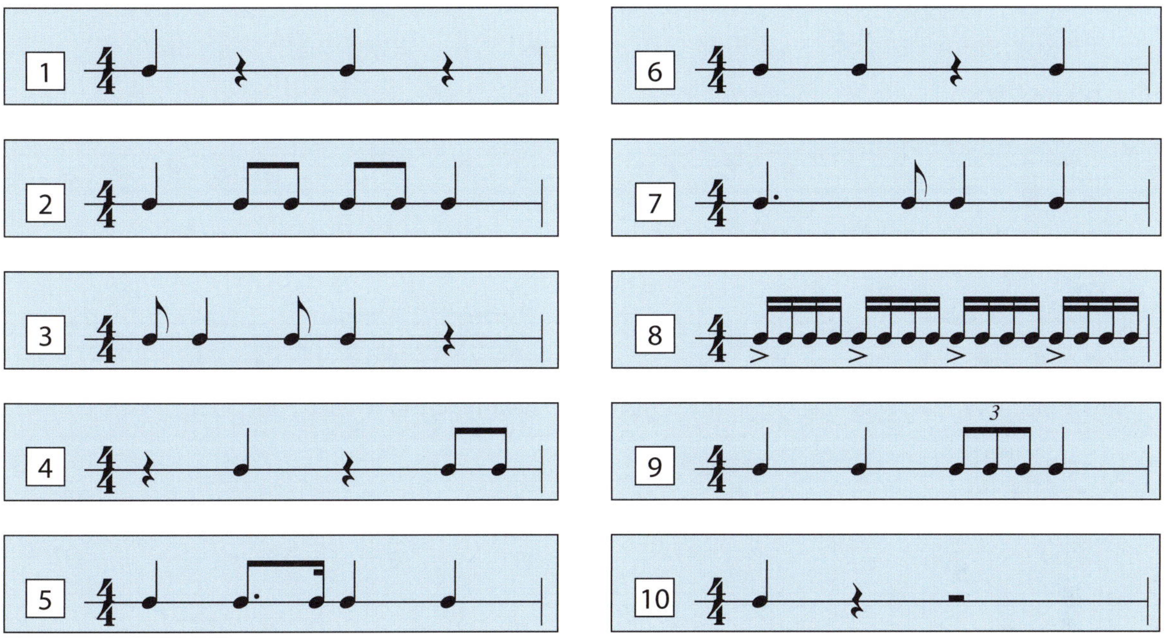

Anmerkung

Der Name des Stücks *Idio von e* leitet sich vom griechischen Wort **Idiofone** (Selbstklinger) ab. Man versteht darunter Schlaginstrumente, bei denen der Klang erzeugt wird, indem sie selbst schwingen (z. B. Becken, Triangel). Im Gegensatz dazu entsteht bei den **Membranofonen** (Fellinstrumente) der Ton mit Hilfe eines gespannten Fells (z. B. Pauke, Große Trommel).

Quiz-Box 1

- Wie nennt man eine rhythmische Akzentverschiebung in der Jazz- und Popmusik?

Quiz-Box 3

- Eine Trommel, die an der Unterseite Schnarrsaiten hat, heißt …
- Wie nennt man eine Handtrommel mit Schellen?
- Wie heißt das Instrument mit doppeltem Becken, Ständer und Fußpedal?
- Wie heißt ein Stück von Edgar Varèse, das nur für Schlaginstrumente geschrieben wurde?
- Ein Schlagzeug, wie es von Rockgruppen verwendet wird, nennt man auch …
- Wie heißt der musikalische Fachbegriff für Selbstklinger?

◆ Mehr Fragen im MUSIKQUIZ

4 Hit aus einem Film

ALWAYS LOOK ON THE BRIGHT SIDE OF LIFE

A25/26

E. Idle, *Always look on the bright side of life*
Playback zu *Always look on the bright side of life*

Text und Musik: Eric Idle

2. For life is quite absurd
   and death's the final word.
   You must always face the curtain with a bow.
   Forget about your sin –
   give the audience a grin.
   Enjoy it – it's your last chance anyhow. So …

Ref.: Always look on the bright side of death,
just before you draw your terminal breath.

3. Life's a piece of shit,
   when you look at it.
   Life's a laugh and death's a joke, it's true.
   You'll see it's all a show,
   keep'em laughing as you go.
   Just remember that the last laugh is on you. And …

Ref.: Always look on the bright side of life.
Always look on the right side of life.

Am Schluss wird bei den Wiederholungen des Refrains dazugesprochen:

Come on guys, cheer up. Worse things happen at sea, you know. I mean – what have you got to lose? You know, you come from nothing – you're going back to nothing. What have you lost? Nothing! …

Deutsche Übersetzung

Vorstrophe: Ja, es gibt im Leben Dinge, die sind nun einmal nicht schön, und das kann einen wirklich manchmal verrückt machen. Aber dann passieren wieder Dinge, da schwörst und fluchst du nur, und wenn du am Knorpel des Lebens rumkaust, sei nicht sauer deswegen, nein, pfeif dir eins. Das hilft dir, die Dinge auf einmal ganz anders zu sehn – verstehst du!

Ref.: Schau immer zur Sonnenseite des Lebens.
Schau immer zur heiteren Seite des Lebens.

1. Wenn das Leben verfault zu sein scheint, ist da etwas, das du vergessen hast, nämlich lachen, tanzen und singen. Wenn du dich schwermütig fühlst, sei nicht wie ein dummer Holzklotz, spitz deine Lippen und pfeif vor dich hin.

Ref.: Schau immer …

2. Denn das Leben ist ziemlich absurd und Tod ist das endgültige Wort. Verbeug dich vor dem Vorhang, vergiss deine Sünden – lach dem Publikum zu! Genieß es, es ist deine letzte Chance!

Ref.: Schau immer zur Sonnenseite des Todes
vor deinem letzten Atemzug.

3. Das Leben ist beschissen, wenn du genau hinsiehst. Das Leben ist ein Lacher und der Tod ist ein Witz, es ist wahr. Alles ist Show! Lach, wenn du gehst! Der letzte Lacher geht auf deine Kosten!

Ref.: Schau immer zur Sonnenseite des Lebens.
Schau immer zur richtigen Seite des Lebens.

Das macht doch alles wesentlich einfacher – findest du nicht? Was hast du schon zu verlieren? Du weißt, du kommst aus dem Nichts und du gehst wieder ins Nichts zurück. Was hast du also verloren? Nichts! …

- *Wir stellen uns vor, dass wir traurig und niedergeschlagen sind, und gehen mit hängendem Kopf durch den Raum. Nachdem wir eine gute Nachricht erhalten haben, bessert sich unsere Laune, wir richten Kopf und Oberkörper wieder auf, nehmen eine gerade Körperhaltung ein und bleiben stehen.*
- *Wir heben erst einen, dann den anderen Arm und pusten ihn säuberlich ab. Unsere Probleme sind wie „weggeblasen".*
- *Wir singen und pfeifen die ersten vier Takte des Refrains. Wir achten auf einen weichen Stimmeinsatz bei „always", dazu machen wir beim Einatmen ein freundliches Gesicht, das wir auch während des Singens beibehalten.*

Das Leben des Brian

Always look on the bright side of life ist das Schlusslied des Films *Das Leben des Brian* (1979) der englischen Komikertruppe **Monty Python**, die in ihren Filmen (z. B. *Der Sinn des Lebens, Wunderbare Welt der Schwerkraft, Die Ritter der Kokosnuss*) Themen humoristisch, parodistisch (scherzhaft nachahmend) und persiflierend (verspottend) aufarbeitet.

***Das Leben des Brian* – Handlung**

Brian wird in derselben Nacht geboren wie Jesus. Er schließt sich als junger Mann einer Widerstandsgruppe gegen die Römer an. Durch ein Missverständnis wird er gegen seinen Willen als Messias verehrt und von zahllosen Anhängern verfolgt. Schließlich wird er von den Römern verhaftet und zur Kreuzigung verurteilt. Der Film endet nicht mit Brians Tod, sondern mit dem Lied *Always look on the bright side of life.*

Das Lied wurde auf der ganzen Welt ein Hit und erreichte auch noch 1992 Top-Platzierungen in der Ö3-Hitparade.

Sesseltanz zu *Always look on the bright side of life* – Tonbeispiel A25

Ausgangsstellung

Alle sitzen auf ihren Sesseln, beide Ellenbogen sind auf dem Tisch/den Oberschenkeln aufgestützt, das Kinn liegt in beiden Handtellern.

Vorstrophe

Gelangweiltes Hin- und Herblicken, abwechselnd stützen li und re Hand den Kopf, bei der Textstelle „and" aufstehen, dabei den Sessel mit den Beinen etwas nach hinten schieben

Refrain

Takt 1/2		re beginnend mit 8 Schritten nach re den Sessel umkreisen, re Hand liegt auf der Lehne
Takt 3	1	wieder vor dem Sessel stehen, mitpfeifen, dabei re Hand über die Augen heben („Weitblick", Bild 1)
	3	Kopf nach re drehen
Takt 4	1	Kopf nach vor drehen
	3	Kopf nach li drehen
Takt 5–8		wie Takt 1–4, aber in Gegenrichtung: nach li Sessel umkreisen …, li Hand über die Augen heben …
Takt 8	4	über re umdrehen, Gesicht zeigt zum Sessel

Bild 1

1. Strophe

Takt 1	1	re Fuß auf Sesselkante stellen
	3	re Fuß zurückstellen
Takt 2	1	li Fuß auf Sesselkante stellen
	3	li Fuß zurückstellen
Takt 3	1	Hände in die Hüften stützen, Becken nach re schwingen
	3	Becken nach li schwingen
Takt 4		mit 4 Schritten über re umdrehen, Rücken zeigt zum Sessel
Takt 5		Oberkörper sackt traurig zusammen, Arme zur Brust, Kopf nach unten geneigt – „feeling in the dumps"
Takt 6	1	li Hand in die li Hüfte stützen, re Zeigefinger an die Stirn tippen
	3	re Zeigefinger zeigt schräg nach re oben – „don't be silly chumps"
Takt 7	1	Arme verschränken
	3	hinsetzen
Takt 8		pro Taktschlag mit den Knien gleichzeitig 3x wippen
	4	aufstehen

2. Strophe

Takt 1–4	wie 1. Strophe
Takt 5	wegwerfende Handbewegung mit re – „Forget about your sin"
Takt 6	beide Hände in die Hüften stützen, Oberkörper nach vorne neigen, Kopf aufrecht, Blick nach vorne: grinsen, dabei den Kopf von li nach re schweifen lassen – „give the audience a grin"
Takt 7–8	wie 1. Strophe

3. Strophe

Takt 1–4		wie 1. Strophe
Takt 5	1	zueinander neigen, mit re Zeigefinger auf Banknachbarn zeigen – „You'll see" (Bild 2)
	3	wieder nach vorne drehen – „it's all a show"
Takt 6	1	auseinander neigen, mit li Zeigefinger auf anderen Banknachbarn zeigen – „keep 'em laughing"
	3	wieder nach vorne drehen – „as you go"
Takt 7–8		wie 1. Strophe

Schluss

Bewegungsfolge des Refrains beliebig oft wiederholen, dabei nacheinander hinsetzen. Am Schluss sitzen alle wieder auf ihren Sesseln.

Bild 2

Tanzablauf

Vorstrophe	4/4 Refrain	1. Strophe	Refrain	2. Strophe	Refrain	3. Strophe	Refrain Wiederholungen bis zum Schluss

Quiz-Box 4

- Aus welchem Film stammt der Hit *Always look on the bright side of life*?

◆ Mehr Fragen im MUSIKQUIZ

5 Zungenbrecher-Medley 1

Zungenbrecher sind Wortkombinationen, die bei schnellem Sprechen eine gute Sprechtechnik voraussetzen. Ein **Medley** ist eine Zusammenstellung mehrerer Musikstücke mit fließenden Übergängen.

▶ Sprecht die folgenden Zungenbrecher, achtet auf deutliche Aussprache und steigert das Tempo!

1. Brautkleid bleibt Brautkleid und Blaukraut bleibt Blaukraut.
2. Kritische Kröten kau'n keine Kroketten.
   Keine Kroketten kau'n kritische Kröten.
3. Quasselnde Quirle, wo quakt ein Quartett?
4. Lilo liebt lila und Lina liebt Luft.
5. Bockerl kocht's Nockerl, kommt's Flockerl frisst's Nockerl.
6. Mischwasserfischer sind Mischwasserfischer,
   weil Mischwasserfischer im Mischwasser fischen.
7. Zwisch'n zwa Zwetschg'nbam zwitschern
   zwa Schwoim.

ZUNGENBRECHER-MEDLEY 1

Melodievorlage und musikalische Ausführung

- einstimmig oder im Kanon
- zusätzlich mit instrumentalem Ostinato (auch Vor- und Zwischenspiel)

A27

Playback zu *Zungenbrecher-Medley 1*

Text: überliefert
Musik: Gerhard Wanker
© Helbling

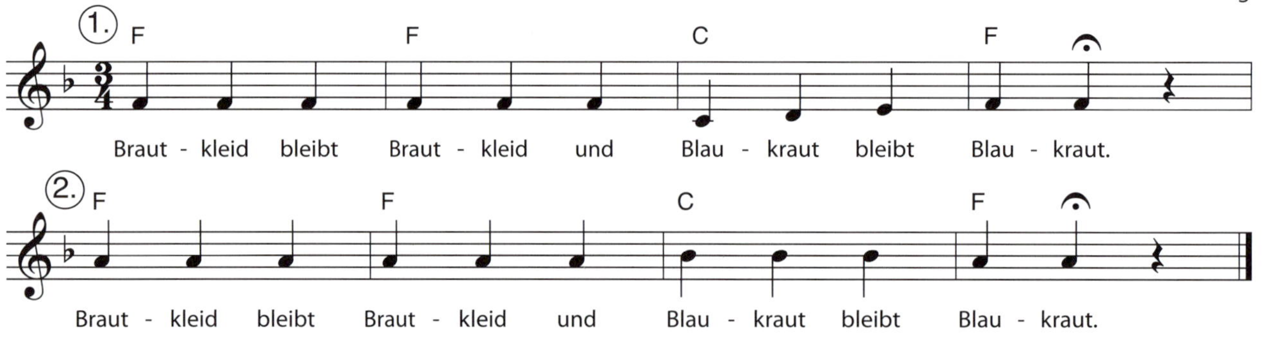

Instrumentales Ostinato (auch Vor- und Zwischenspiel)

Ausführung als Medley

- Teilung der Klasse in bis zu sieben Gruppen
- Jede Gruppe sucht sich einen der sieben Zungenbrecher aus und passt ihn an die Melodievorlage an.
- Jede Gruppe gestaltet ihren Zungenbrecher:
  a) sprachlich (einzeln, im Kanon, szenisch, Sprechgeschwindigkeit steigern etc.) und/oder
  b) musikalisch (einstimmig/im Kanon singen, mit Vor- und Zwischenspiel).
- Die Übergänge von einer Gruppe zur anderen können instrumental mit dem Ostinato gestaltet werden.
- Eine Jury (Schülerinnen/Schüler) kann die Gruppenbeiträge bewerten (Sprechdeutlichkeit, Sprechgeschwindigkeit, Qualität der musikalischen und szenischen Gestaltung).

Schallaufzeichnung und Tonträger 6

Vom Phonographen zur digitalen Studioaufnahme

Seit jeher war es ein Menschheitstraum, Klänge und Geräusche aufzuzeichnen, um sie dann bei späterer Gelegenheit wieder abspielen und hören zu können. Im Jahr 1877 konstruierte der Amerikaner **Thomas Alva Edison** (1847–1931 / 84 J.) den ersten Apparat, der in der Lage war, Schall aufzuzeichnen und wiederzugeben. Er nannte seine Erfindung **Phonograph**.

◆ Phonograph

Die Funktionsweise dieses Geräts war denkbar einfach: Edison befestigte zunächst an einer Membran (dünnes Schwingplättchen) eine Nadelspitze. Als er nun bei seinen ersten Versuchen durch einen Trichter gegen diese Membran sprach und sie mit den Schallwellen seiner Stimme in Schwingung versetzte, übertrug die Nadelspitze diese Schwingungen auf einen Zylinder (Walze), der mit einer Kurbel gleichmäßig angetrieben wurde. Der Zylinder war mit einer Zinnfolie überzogen.
Je nachdem, ob nun lauter oder leiser gesprochen wurde, grub sich die Nadelspitze unterschiedlich tief in die Zinnfolie ein. Mit dieser sogenannten „Tiefenschrift" konnte die Stimme aufgezeichnet werden. (Bild 1)

Bild 1: Edison mit einem Phonographen, 1878

Zum Abspielen setzte Edison den Zylinder wieder in seine Ausgangsposition zurück und brachte einen stumpfen Abtaststift und einen größeren Trichter an. Diese stumpfe Nadel tastete die unterschiedlichen Einkerbungen ab und übertrug sie zurück auf die Membran.
Über den Schalltrichter wurde die aufgezeichnete Stimme dann wieder hörbar. (Bild 2)

In den Anfängen der Schallaufzeichnung, als es noch kein Mikrofon gab, musste direkt in den Schalltrichter gesprochen/gesungen/gespielt werden. (Bild 3)

Bild 3

Bild 2: Edison-Phonograph mit Schalltrichter

Der große österreichische Volksschauspieler **Alexander Girardi** (1850–1918 / 67 J.), der vor allem in Theaterstücken von **Ferdinand Raimund** (1790–1836 / 46 J.) berühmt wurde und am Burgtheater in Wien tätig war, nahm im Jahr 1906 mit einem Phonographen das bekannte *Fiakerlied* auf.

G. Pick, *Fiakerlied* (Alexander Girardi) A28

▸ Das Tonbeispiel A28 ist eine historische Tonaufnahme. Sie klingt wesentlich anders als Aufnahmen aus der heutigen Zeit. Welche Unterschiede kannst du feststellen?

FIAKERLIED

A29

Playback zu *Fiakerlied*

Text und Musik: Gustav Pick

Fiaker bedeutet einerseits eine zumeist offene Karosse, die von zwei Pferden gezogen wird. Andererseits ist es in Wien auch die Bezeichnung für den Kutscher. Das *Fiakerlied* ist ein typisches Beispiel für ein Wienerlied.

Grammophon und Schallplatte

Dem Deutschamerikaner **Emil Berliner** (1851–1929 / 78 J.) gelang es, Edisons Phonographen zu verbessern, indem er statt der Walze ebene Scheiben verwendete. Damit war die Schallplatte geboren. Berliner meldete seine Erfindung, die er **Grammophon** (Bild 4) nannte, am 8. November 1887 zum Patent an.
Berliners Scheiben bestanden aus Schellack, einem Naturharz, mit dem er klangliche Verbesserungen erzielen konnte. Außerdem gruben sich nun die Schallschwingungen wie eine Spirale von außen nach innen ein. Die Schnitttiefe war gleich und nicht mehr unterschiedlich tief wie beim Phonographen.
Die Schallplatte konnte mit einem Kopierverfahren in großen Mengen für den Verkauf produziert werden.

Bild 4: Grammophon

Bild 5

Grammophone, die früher mit einer Kurbel angetrieben werden mussten und im Idealfall eine gleichmäßige Geschwindigkeit von 70 Umdrehungen pro Minute erreichten, wurden häufig auch im Freien aufgestellt und dienten der geselligen Unterhaltung. (Bild 5)
Vielfach wurde zu Grammophonmusik auch getanzt. Ein beliebtes Stück der damaligen Zeit war die *Petersburger Schlittenfahrt.*

Richard Eilenberg, *Petersburger Schlittenfahrt* (Edison-Orchester Berlin)

A30

Meilensteine in der Entwicklung der Schallplatte

In der folgenden Tabelle siehst du bedeutende historische Ereignisse für die Entwicklung der Schallplatte.

Jahr	Ereignis
1925	Die erste elektrisch (mit Mikrofon) aufgenommene Schallplatte kommt auf den Markt.
1931	Die Langspielplatte (LP) wird erfunden.
1948	Die LP wird aus einem neuen Kunststoff hergestellt, der das Rauschen stark vermindert.
1956	Die erste Stereo-LP erscheint in den USA (Tschaikowsky: *Nussknacker-Suite*).
1960	Das Hi-Fi-Zeitalter bricht an.

Stereo ist die Abkürzung des Begriffs Stereofonie. Damit meint man die Zweikanaltechnik bei der Tonaufnahme, wodurch beim Abspielen der Schall richtungstreu wiedergegeben wird.

Beispiel: Mit zwei Mikrofonen links und rechts eines Sinfonieorchesters wurde Musik aufgenommen. Beim Abspielen der Aufnahme hört man aus dem linken bzw. rechten Lautsprecher jeweils jene Instrumente, die in der Orchestersitzordnung beim linken bzw. rechten Mikrofon platziert waren.

Hi-Fi ist die Abkürzung für High Fidelity und bedeutet hohe Klangqualität.

Die **Beatles**, eine erfolgreiche englische Band der 1960er-Jahre, nahmen anfangs den Großteil ihrer Lieder mit folgender Technik auf:
Die Instrumentalbegleitung wurde auf den einen Kanal und der Gesang auf den anderen Kanal gelegt.

A31

We can work it out, Day Tripper, Yellow Submarine (The Beatles) – Ausschnitte

- Dreh beim Abspielen des Tonbeispiels A31 den Balanceregler der Stereoanlage einmal ganz nach rechts und dann ganz nach links!
  Versuch festzustellen, welche Instrumente/Stimmen du aus welcher Lautsprecherbox hörst!

Compact Disc (CD)

Compact Disc

Im Jahr 1982 kamen die ersten Audio-CDs (Audio Compact Discs) auf den Markt. Dies war eine bahnbrechende Entwicklung für die Schallaufzeichnung und -wiedergabe, denn die CD ist – im Gegensatz zur LP – keinem Verschleiß ausgesetzt. Darüber hinaus ist die Tonwiedergabe ohne störende mechanische Nebengeräusche möglich.
Das Prinzip der digitalen (schrittweisen) Tonaufzeichnung besteht darin, dass Töne und Geräusche mit Hilfe eines sogenannten A/D-Wandlers (Analog-zu-Digital-Wandler) in Zahlenwerte (eine Abfolge von 0- und 1-Werten) umgewandelt werden. Diese Umwandlung erfolgt bei der CD 44.100-mal pro Sekunde. Das Ergebnis dieses Prozesses wird auf einer CD gespeichert.
Der Laserstrahl (gebündelter Lichtstrahl) eines CD-Players entschlüsselt die Zahlenwerte, die dann mit Hilfe eines D/A-Wandlers (Digital-zu-Analog-Wandler) wieder in klingende Musik umgewandelt werden.
Seit Anfang der 1990er-Jahre wurden CD-Brenner (CD recorder) auch in PCs und Laptops eingebaut, sodass auch Privatanwender Musik digital auf CDs speichern können. Dafür sind einmal bespielbare CDs (CD-R: CD recordable) und mehrfach bespielbare CDs (CD-RW: CD rewritable) verfügbar, die Speicherkapazitäten bis zu 900 MB (Megabyte) aufweisen.

Als Weiterentwicklung der Audio-CD mit verbesserter Klangqualität und größerer Speicherkapazität entstanden die SACD (Super Audio Compact Disc) und die DVD-Audio (Digital Versatile Disc Audio). Letztere wird vor allem zur Wiedergabe von Surround-Sound verwendet.

MP3

MP3-Player

MP3[1] bezeichnet ein Computer-Dateiformat, das es erlaubt, Musik ohne größere Klangverluste zu komprimieren. Dadurch wird weniger Speicherplatz benötigt. Zum Vergleich: Eine Minute Musik in der Qualität einer gewöhnlichen Stereo-CD-Aufnahme erfordert ca. 10 MB Speicherplatz, im MP3-Format wird nur bis zu ein Zehntel davon benötigt, also ca. 1 MB.

Die Entwicklung des MP3-Formats konnte dem Wunsch vieler Menschen gerecht werden, überall Musik in guter Qualität mit kleinen Abspielgeräten (MP3-Playern) zur Verfügung zu haben. Bereits Anfang der 1980er-Jahre begannen erste Forschungsversuche. Marktfähig wurde MP3 Mitte der 1990er-Jahre mit der Entwicklung von Software zum Abspielen von MP3-Dateien am Computer und mit der Einführung von tragbaren MP3-Playern.

1 MP3 ist eine Verkürzung von MPEG-1 Audio Layer 3. MPEG bedeutet Moving Pictures Experts Group (Expertengruppe für bewegte Bilder), das ist eine Gruppe von Expertinnen und Experten aus verschiedenen Unternehmen weltweit, die sich mit Video- und Audiokompression (Kompression = Zusammendrückung, Verdichtung) beschäftigen. Audio Layer 3 ist die Bezeichnung für ein von der deutschen Fraunhofer-Gesellschaft entwickeltes Audiokodierungsverfahren (Kodierung = Verschlüsselung).

Urheberrecht

Jedes Musikstück hat Urheber (Komponistinnen/Komponisten, Textautorinnen/Textautoren), die rechtlich das „geistige Eigentum" an diesem Werk innehaben. Den Urheberinnen/Urhebern und Musikverlagen steht eine finanzielle Abgeltung (Tantiemen) zu, wenn ihr Musikwerk von anderen verwendet wird, z. B. bei einem Konzert gespielt, im Radio oder Fernsehen gesendet, auf einer CD produziert oder im Internet verfügbar gemacht wird. Damit die Urheberinnen/Urheber und Verlage auch tatsächlich zu ihren Tantiemen kommen, gibt es **Verwertungsgesellschaften**. Diese beobachten den Musikmarkt, erteilen den Veranstaltern, Tonträgerproduzenten, Radio- und Fernsehanstalten, Musik-Download-Diensten etc. gegen Bezahlung die jeweils nötige Nutzungsbewilligung (Lizenz) und verteilen die Einnahmen nach festen Regeln an die Urheberinnen/Urheber und Verlage.

Verwertungsgesellschaften für Urheberinnen/Urheber und Verlage in Österreich:

akm
AUTOREN | KOMPONISTEN | MUSIKVERLEGER

1. Die **AKM** sorgt dafür, dass die Komponistinnen/Komponisten, Textautorinnen/Textautoren und Musikverlage zu ihren Tantiemen kommen, wenn ihre Werke öffentlich aufgeführt (Konzerte, Zeltfeste, Bälle, Diskotheken, Gaststätten, Supermärkte, Boutiquen, Kinos etc.), gesendet (Radio, Fernsehen) oder im Internet zur Verfügung gestellt werden.

austromechana®

2. Die **Austro Mechana** kümmert sich darum, dass die Komponistinnen/Komponisten, Textautorinnen/Textautoren und Musikverlage zu ihren Tantiemen kommen, wenn ihre Werke auf einem Ton- oder Bildtonträger (CD, DVD etc.) aufgenommen und vervielfältigt, Ton- oder Bildtonträger verkauft, vermietet oder sonstwie verbreitet werden. Die Austro Mechana ist auch zuständig für Vervielfältigungen und Downloads im Internet.

Die Verwertungsgesellschaften sind durch Verträge international vernetzt, sodass Urheberinnen/Urheber auch Tantiemen erhalten, wenn ihr Musikwerk in anderen Ländern verwendet wird.
In Deutschland heißt die Verwertungsgesellschaft GEMA (Gesellschaft für musikalische Aufführungs- und mechanische Vervielfältigungsrechte), in Italien SIAE (Società Italiana degli Autori ed Editori – italienische Gesellschaft der Autoren und Verleger) und in den Vereinigten Staaten von Amerika ASCAP (The American Society of Composers, Authors and Publishers) und BMI (Broadcast Music Incorporation).

Die Tabelle zeigt einige Beispiele, was laut Urheberrechtsgesetz verboten und erlaubt (geduldet) ist:

Es ist verboten,	**Es ist erlaubt (geduldet),**
Musikstücke (z. B. auf CDs) zu kopieren und zu verkaufen.	von gekauften Original-CDs Kopien zum privaten Gebrauch herzustellen.
Musikstücke aus Tauschbörsen im Internet herunterzuladen.	gekaufte CDs oder DVDs für den Gebrauch im Unterricht an Schulen zu verwenden.
Musikstücke aus dem Internet zu verkaufen.	gekaufte Musikstücke an Familienmitglieder/Bekannte weiterzugeben.
Musikstücke anderer ohne deren Einwilligung ins Internet (Tauschbörsen, YouTube) zu stellen.	in Online-Shops Musikstücke gegen Bezahlung eines Entgelts herunterzuladen.

Digitale Aufnahmemöglichkeiten heute

Homerecording

Durch die rasante technische Entwicklung im Tonaufnahmebereich ist es heute einfach und günstig, ausgereifte Audio-Aufnahmen im privaten Bereich selbst zu produzieren und auf CD zu brennen. Dies wird mit dem englischen Begriff **Homerecording** (Heimaufnahme) bezeichnet.

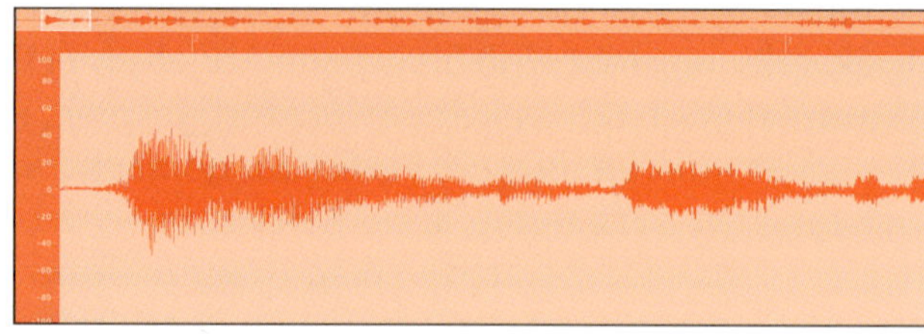

Grafische Musikdarstellung am Computer

Professionelle Studioaufnahmen

Kaum ein anderer Begriff hat die Musikwelt so nachhaltig beeinflusst wie im Jahr 1983 die vier Buchstaben **MIDI**. Sie stehen für Musical Instrument Digital Interface (dt. Schnittstelle zwischen elektronischen Musikinstrumenten). MIDI ist die Voraussetzung dafür, dass sich mehrere elektronische Musikinstrumente untereinander mit einer einheitlichen „Sprache" verständigen können.
MIDI ermöglicht aber auch die Verbindung eines Computers mit mehreren elektronischen Klangerzeugern. Dies können analoge Synthesizer, die Töne künstlich herstellen, oder digitale Synthesizer sein, bei denen die Klänge von Naturinstrumenten digitalisiert werden. Diesen Vorgang bezeichnet man auch als Sampling (engl. sample = Muster). Wenn die geeignete Software, z. B. ein **Sequencer-Programm**, vorhanden ist, kann der Computer alle elektronischen Musikinstrumente zentral steuern.

Seit etwa Mitte der 1990er-Jahre werden MIDI-/Audio-Sequencer angeboten, die es ermöglichen, sowohl elektronische als auch Naturinstrumente oder die Stimme für die Produktion eines Musikstücks aufzunehmen. Das Bereitstellen von Mixern und Effekten (z. B. Hall) über sogenannte **Plug-Ins** (zusätzliche Computerprogramme, die in ein bestehendes Computerprogramm integriert werden und dessen Funktionalität erweitern) macht aus diesen Sequencer-Pogrammen vollwertig ausgestattete Musikstudios.

Für Musikerinnen und Musiker besonders interessant ist bei Sequencer-Programmen die Möglichkeit, die aufgenommene Musik nachträglich bearbeiten zu können. Dies nennt man Editieren.

Ein Großteil der Pop-, Rock- und Filmmusik wird heute aus einer Kombination von elektronischen Musikinstrumenten und Naturinstrumenten (Stimme) und unter Verwendung von Sequencer-Programmen produziert.

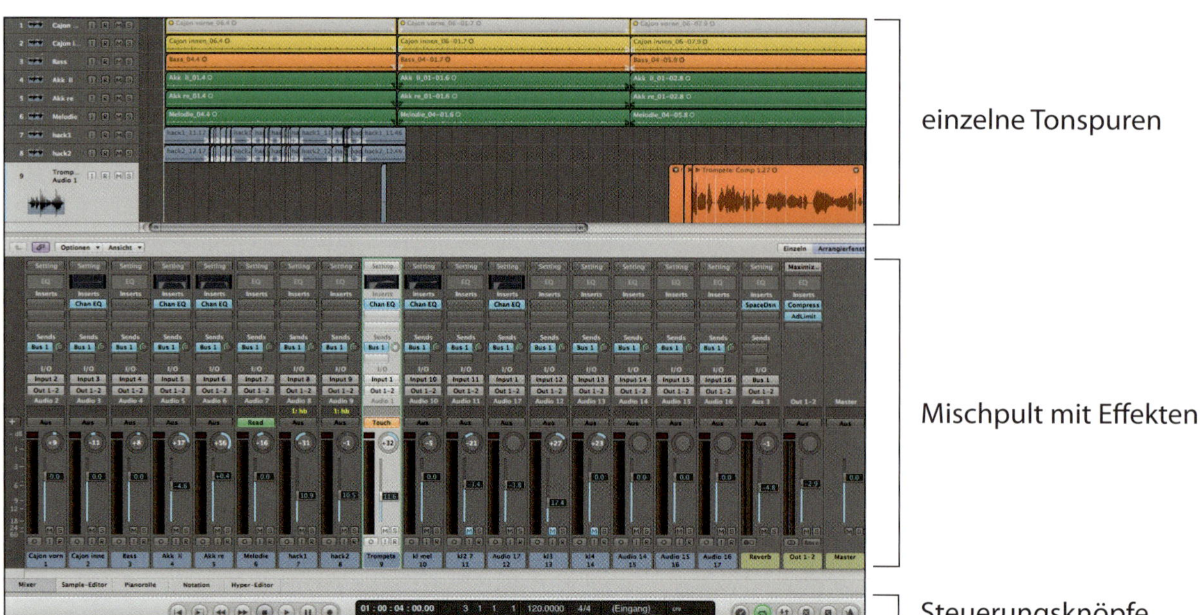

Bildschirmmaske eines Sequencer-Programms

PHONO-PLUG-IN

Playback zu *Phono-Plug-In*

A32

M.M. ♩= 94

Text und Musik: Bernhard Gritsch · © Helbling

Hinweis

Bei diesem Sprechstück sollen die drei ausführenden Stimmen räumlich getrennt stehen, damit der Stereo- und Surround-Klang zu hören ist.

Quiz-Box 6

- Wer war der Erfinder des Phonographen?
- Wer erfand 1887 das Grammophon?
- Was bedeutet die Abkürzung LP?
- Wie nennt man die Tonwiedergabe eines Musikstücks mit zwei Kanälen?
- Wofür steht die Abkürzung Hi-Fi?
- In welchem Jahr kamen die ersten CDs auf den Markt?
- Wie heißt ein Computer-Dateiformat, mit dem Musik digital in komprimierter Form wiedergegeben werden kann?
- Wofür steht die Abkürzung AKM?
- Wie nennt man die digitale Schnittstelle zur Steuerung von Synthesizern und anderen elektronischen Musikgeräten?
- Wie nennt man Hard- oder Software zur Aufnahme von Audio- und MIDI-Signalen?

◆ Mehr Fragen im MUSIKQUIZ

7 Musical

Das Wort **Musical** ist eine Kurzform von Musical Comedy oder Musical Play. Damit bezeichnet man eine Form des modernen Musiktheaters, in der gesprochener Text, Musiknummern, Tanz und Show-Elemente eine große Rolle spielen.

Beim Musical gibt es weder formale noch stilistische oder stoffliche Grenzen. Von Arien aus der Opernwelt bis zu Songs aus dem Pop- und Schlagerbereich kann man alles hören. Als Textvorlage werden oft Stoffe der Weltliteratur verwendet.

Während im 19. Jahrhundert in Europa vor allem die Operette die Rolle des musikalischen Unterhaltungstheaters innehatte, war Amerika das Geburtsland des Musicals. Das amerikanische Musical ist auf Serienaufführungen und Profit ausgerichtetet. Es hat seinen Ursprung in der Theaterlandschaft des Broadway in New York.

Theater am Broadway

◆ Ein Streifzug durch berühmte Musicals

Auf den nächsten Seiten findet ihr Informationen und Materialien über vier berühmte Musicals, die eine Stoffsammlung zur Vorbereitung von Beiträgen darstellen, die ihr nicht nur eurer Klasse, sondern auch anderen Klassen, an Elternabenden usw. präsentieren könnt.

Vorgangsweise

Einteilung in Gruppen (5–6 Schülerinnen/Schüler). Jede Gruppe gestaltet einen Beitrag über ein Musical:

- Die Zusammenfassungen auf den nächsten Seiten sollt ihr durch zusätzliches Informations- und Anschauungsmaterial (z. B. Bilder, weitere Tonbeispiele und Videos) ergänzen.
- Der Beitrag soll Informationen und Musikeinspielungen beinhalten. Überlegt auch Möglichkeiten (Choreografien, gespielte Szenen, Lieder ...), die ihr mit eurer Gruppe oder der ganzen Klasse praktisch durchführt!
- Der Beitrag kann als Einführung, Interview, Rollenspiel usw. gestaltet werden.

1. My Fair Lady

Uraufführung: 15. März 1956, Mark Hellinger Theatre, New York
Deutsche Erstaufführung: 25. Oktober 1961, Theater des Westens, Berlin

Frederick Loewe (1904–1988 / 83 J.) schrieb das Musical, das zum Welthit werden sollte, gemeinsam mit dem Texter Alan Jay Lerner. Als Textvorlage diente George Bernard Shaws Theaterstück *Pygmalion.*

Handlung: Der Phonetikprofessor Higgins (Phonetik = Lehre der Sprechlaute) wettet mit seinem Kollegen Oberst Pickering, dass er innerhalb eines halben Jahres aus dem einfachen Blumenmädchen Eliza Doolittle, die Cockney-Slang (vulgärer Londoner Dialekt) spricht, eine Dame mit den Manieren und der Sprache einer Herzogin machen kann.

Eliza und Higgins

Nach dem abgeschlossenen Sprachunterricht führt Higgins Eliza auf einen Ball der gehobenen Gesellschaft. Dort wird sie aufgrund ihrer fehlerfreien Sprache und ihres tadellosen Benehmens für eine Prinzessin gehalten und Higgins gewinnt die Wette. Doch Eliza fühlt sich vorgeführt und verlässt ihn. Als der Professor ihr gesteht, dass er sie vermisst, kehrt Eliza schließlich wieder zu Higgins zurück.

THE RAIN IN SPAIN

Higgins führt dem Oberst Pickering die ersten Erfolge seines Sprachunterrichts vor:

F. Loewe, *My Fair Lady, The rain in Spain* – Ausschnitt
Playback zu *The rain in Spain*

A33/34

Higgins	The rain in Spain stays mainly in the plain.
Eliza	The rain in Spain stays mainly in the plain.
Higgins	Again!

Musik: Frederick Loewe
Text: Alan Jay Lerner, deutscher Text: Robert Gilbert

Mrs. Pearce, die Haushälterin von Prof. Higgins, empfiehlt Eliza nach einem arbeitsreichen Tag zu Bett zu gehen, aber Eliza ist noch ganz aufgekratzt und singt:

F. Loewe, *My Fair Lady, I could have danced all night*

A35

Text: Alan Jay Lerner

Bed! Bed! I couldn´t go to bed!
My head´s too light to try to set it down!
Sleep! Sleep! I couldn´t sleep tonight,
not for all the jewels in the crown!
I could have danced all night!
I could have danced all night
and still have begged for more.

I could have spread my wings
and done a thousand things
I´ve never done before.
I´ll never know what made it so exciting;
why all at once my heart took flight!
I only know when he began to dance with me,
I could have danced, danced, danced all night!

2. West Side Story

Uraufführung: 26. September 1957, Winter Garden, New York
Deutschsprachige Erstaufführung: 25. Februar 1968, Volksoper, Wien

Leonard Bernstein

Der Komponist, Pianist und Dirigent **Leonard Bernstein** (1918–1990 / 72 J.) schuf mit dem Musical *West Side Story* zusammen mit dem Regisseur und Choreografen Jerome Robbins eines der markantesten Stücke dieser Gattung. Das Buch schrieb Arthur Laurents, die Songtexte Stephen Sondheim.

Handlung: Shakespeares *Romeo und Julia* wurde in den Westen New Yorks verlegt. Statt den sich befehdenden Adelsgeschlechtern liefern sich hier Halbstarkenbanden erbitterte Schlachten: die Jets (Einheimische) und die Sharks (zugewanderte Puerto Ricaner). Tony und Maria lieben sich, gehören aber diesen verfeindeten Banden an. Bei den Auseinandersetzungen wird Tony erschossen. Neben seinem Leichnam versöhnen sich Jets und Sharks.

In der wohldosierten Mischung von lyrisch-romantischen Liebesszenen und scharfer Gesellschaftskritik, harten Jazz-Instrumentierungen und turbulenten Ballettszenen präsentiert sich die *West Side Story* als das bis dahin kühnste Werk des amerikanischen Musiktheaters.

A36

L. Bernstein, *West Side Story, Maria*

Tony schwärmt nach der ersten Begegnung mit Maria von ihr:

Text: Leonard Bernstein, Stephen Sondheim

The most beautiful sound I ever heard:
Maria, Maria, Maria, Maria.
All the beautiful sounds of the world in a single word:
Maria, Maria, Maria, Maria, Maria, Maria.

Maria! I've just met a girl named Maria
and suddenly that name will never be the same to me.
Maria! I've just kissed a girl named Maria
and suddenly I've found how wonderful a sound can be.
Maria! Say it loud and there's music playing.
Say it soft and it's almost like praying.
Maria, I'll never stop saying Maria!

The most beautiful sound I ever heard: Maria!

A37

L. Bernstein, *West Side Story, Tonight* – Ausschnitt

Liebeslied von Tony und Maria:

Maria Only you, you´re the only thing I´ll see forever.
In my eyes in my words and in everything I do,
nothing else but you, ever.

Tony And there's nothing for me but Maria,
every sight that I see is Maria.

Maria Tony, Tony.

Tony Always you, every thought I´ll ever know,
everywhere I go you´ll be, you and me …

Maria All the world is only you and me …
Tonight, tonight, it all began tonight,
I saw you and the world went away.
Tonight, tonight, there's only you tonight,
what you are, what you do, what you say.

Tony Today, all day I had the feeling a miracle would happen.
I know now I was right.

beide For here you are, and what was just a world
is a star tonight.

Maria und Tony

AMERICA

Der Song *America* wechselt immer zwischen 6/8-Takt und 3/4-Takt. Mit vielen Tanzeinlagen werden im Lied die Verhältnisse in den USA mit denen in Puerto Rico verglichen.

L. Bernstein, *West Side Story, America*
Playback zu *America*
A38/39

Musik: Leonard Bernstein
Text: Leonard Bernstein, Stephen Sondheim

Rosalia
Puerto Rico, you lovely island,
island of tropical breezes.
Always the pineapples growing,
always the coffee blossoms blowing.

Anita
Puerto Rico, you ugly island,
island of tropic diseases.
Always the hurricanes blowing,
always the population growing.
And the money owing,
and the babies crying,
and the bullets flying.
I like the island Manhattan.
Smoke on your pipe and put that in!

Szene aus ‚West Side Story': ‚America'

2. Automobile in America,
Chromium steel in America,
wire-spoke wheel in America,
very big deal in America!
I´ll drive a Buick through San Juan.
If there´s a road you can drive on.
I´ll give my cousins a free ride.
How you get all of them inside?

3. Immigrant goes to America,
many hellos in America,
nobody knows in America,
Puerto Rico's in America!
I´ll bring a TV to San Juan.
If there´s a current to turn on!
I'll give them new washing machine.
What have they got there to keep clean?

4. I like the shores of America!
Comfort is yours in America!
Knobs on the doors in America,
wall-to-wall floors in America!
When I will go back to San Juan.
When you will shut up and get gone!
Ev'ryone there will give big cheer!
Ev'ryone there will have moved here!

5. = 1. Strophe bis Fine

3. Das Phantom der Oper

Uraufführung: 9. Oktober 1986, Her Majesty's Theatre, London
Deutschsprachige Erstaufführung: 20. Dezember 1988, Theater an der Wien, Wien

Ankündigung am Broadway

Andrew Lloyd Webber (geb. 1948) zählt heute zu den bedeutendsten Musical-Komponisten. Seine erfolgreichsten Musicals sind *Jesus Christ Superstar* (1970), *Cats* (1981), *Starlight Express* (1984), *The Phantom of the Opera* (1986).

Das Phantom der Oper (*Le Fantôme de l'Opéra*) ist ein Roman des französischen Schriftstellers Gaston Leroux aus dem Jahr 1911. Die Geschichte wurde mehrfach verfilmt und es gibt vier Bühnenfassungen. Von diesen ist das Musical von Andrew Lloyd Webber und Richard Stilgoe die bekannteste. Am New Yorker Broadway, wo es zahlreiche Auszeichnungen erhielt, ist es das am längsten gespielte Stück (7.486 Aufführungen).

1. Akt

In der Pariser Oper gehen unheimliche Dinge vor, für die man das Phantom verantwortlich macht. Da sich die Sängerin Carlotta weigert weiterzusingen, tritt das Chormädchen Christine an ihre Stelle und hat mit dem Lied *Denk an mich* großen Erfolg. Raoul, ein früherer Freund, erkennt Christine wieder.

A40

A. L. Webber, *Das Phantom der Oper, Denk an mich* – Ausschnitt

Christine
Denk an mich, denk an mich zärtlich wie an einen Traum.
Erinn're dich, keine Macht trennt uns außer Zeit und Raum.
An dem Tag, wann er auch kommen mag,
an dem du Abschied nimmst von mir,
lass das Gestern weiterleben, schließ es ein in dir!
Natürlich war von allem Anfang klar,
dass ich dich irgendwann verlier.
Aber wenn du dich zurücksehnst, such mein Bild in dir!
Denk an unsre Zeit im Sonnenschein,
denk nicht an das, was nicht hat sollen sein.
Denk an mich, sieh meine Zeichen, wenn du dich verirrst!
Versuch wie ich, Stärke zu zeigen, wenn du müde wirst!
Denk an mich und quälen Sorgen dich,
dann träum dich heimlich her zu mir!
Und wo immer du auch sein magst,
such mein Bild in dir!

Originaltext: Charles Hart, Richard Stilgoe
deutscher Text: Michael Kunze

Das Phantom und Christine

Christine glaubt, die Stimme eines Engels zu hören, es ist jedoch das Phantom, das sie in die Kellergewölbe der Oper mitnimmt.

A41

A. L. Webber, *Das Phantom der Oper, Das Phantom der Oper* – Ausschnitt

Christine
Er sang, sobald ich schlief, und kam mir nach.
Mir schien, dass er mich rief und mit mir sprach.
Träum ich denn immer noch? Ich fühl es hier:
Ganz nah ist das Phantom der Oper da, es lebt in mir.

Phantom
Komm, sing mit mir heut Nacht bei Kerzenschein.
Dann fängt dich meine Macht noch stärker ein.
Und wendest du den Blick auch ab von mir:
Ganz nah ist das Phantom der Oper da, es lebt in dir.

Originaltext: Charles Hart,
Richard Stilgoe, Mike Batt
deutscher Text: Michael Kunze

Das Phantom fordert, dass in Zukunft Christine die Rollen von Carlotta übernehmen soll und droht mit einem Skandal, wenn seine Forderungen nicht erfüllt werden. Christine und Raoul gestehen einander ihre Liebe und er verspricht ihr, sie zu beschützen. Das Phantom beobachtet die beiden eifersüchtig und bringt am Ende des ersten Akts wütend den Kronleuchter zu Fall, der spektakulär auf die Bühne fällt.

2. Akt

Sechs Monate später gibt es einen Maskenball zu Neujahr. Das nicht eingeladene Phantom erscheint trotzdem und übergibt den Direktoren seine neueste Komposition, die Oper *Don Juan, der Sieger*.

A42

A. L. Webber, *Das Phantom der Oper, Maskenball* – Ausschnitt

Originaltext: Charles Hart, Richard Stilgoe
deutscher Text: Michael Kunze

Maskenball! Kunterbunter Mummenschanz!
Maskenball! Niemand ist der, für den ihn andre halten.
Maskenball! Fantasie im stummen Tanz.
Maskenball! Sieh dich um, überall stehn Spukgestalten.

Plisch und Plum, Fisch und Faun, Maus und Katz,
Graus und Grau'n, grelles Rot, helles Braun,
krummer Tod, dummer Clown.
Masken! Wie in Trance, in Balance, auf dem Traumkarussell.
Sie haben kein Gesicht.
Schwan und Schwein, Pfau und Pferd, Schau und Schein,
feiler Mund, geiler Pfaff, irrer Hund, wirrer Aff.
Masken! Schau hinein, schau heraus
und tauch ganz in den Klang, in den Glanz.
Wer wer ist, weiß man nicht.

Maskenball! Grelle Schminke, heller Wahn.
Maskenball! Wolkenbau überm Abgrund trüber Zeiten.
Maskenball! Glatte Worte, glatte Wahl.
Maskenball! Bleib und schau in das Meer der Nichtigkeiten.
Maskenball! Wahre Lügen, klarer Dunst.
Maskenball! Ungerügt, Freund und Feind ein wenig necken.
Maskenball! Großer Unsinn, große Kunst.
Maskenball! Ungesehn von den Fratzen, die uns schrecken.

Szene aus ‚Das Phantom der Oper': ‚Maskenball'

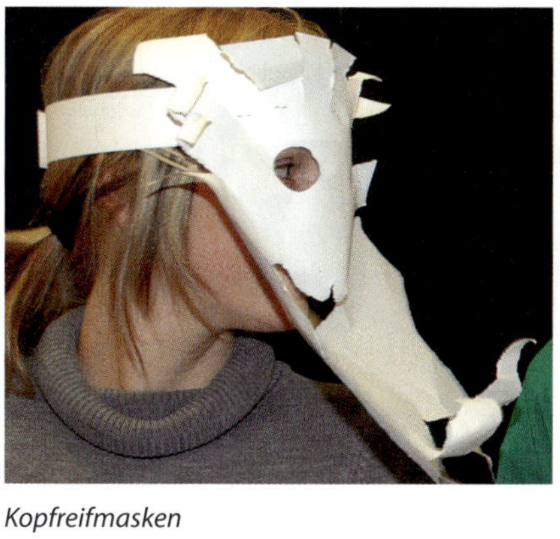

Kopfreifmasken

- Stellt die Überreichung der Komposition und das Geschehen am Maskenball zum Tonbeispiel A42 szenisch dar!
  Fertigt dazu Kopfreifmasken an, die ihr als „Kostümierung" verwenden könnt!

Das Phantom fordert nun, dass Christine die Hauptrolle in seiner Oper übernehmen soll. Raoul und die Direktoren wollen das Phantom während der Aufführung fangen, das Phantom ermordet jedoch den Hauptdarsteller und singt selbst ein Duett mit Christine, die das Phantom demaskiert.
Im entstehenden Durcheinander gelingt es dem Phantom, Christine in den Keller der Oper zu entführen. Raoul will helfen, wird aber auch gefangen genommen. Das Phantom stellt Christine vor die Wahl: Entweder verbringt sie den Rest ihres Lebens mit ihm oder Raoul muss sterben. Christine entschließt sich, das Phantom zu umarmen und küsst es. Milde gestimmt lässt das Phantom Christine und Raoul gehen und verschwindet.

4. Mamma mia!

Uraufführung: 6. April 1999, Prince Edward Theatre, London
Deutschsprachige Erstaufführung: 3. November 2002, Operettenhaus, Hamburg

Im Musical *Mamma mia!* wurde um bekannte Songs der schwedischen Popgruppe **ABBA** eine amüsante Verwechslungskomödie geschrieben. Diese Art von Musical wird als Jukebox-Musical (engl. Jukebox = Musikautomat) bezeichnet.

Tanja, Donna und Rosie

Handlung: Donna und ihre Tochter Sophie leben auf einer griechischen Insel. Bei ihrer Hochzeit mit Sky möchte Sophie von ihrem Vater zum Altar geführt werden, weiß aber nicht, wer er ist. Also lädt sie ohne Wissen ihrer Mutter drei Männer ein, deren Namen sie in Donnas Tagebuch gefunden hat: Sam, Harry und Bill. Als auch noch Donnas Freundinnen Rosie und Tanja eintreffen, ist das Chaos perfekt. Wer wirklich Sophies Vater ist, wird nicht enthüllt, aber Donna und Sam finden nach 20 Jahren wieder zusammen. Dafür verschieben Sophie und Sky ihre Hochzeit, um vorher noch die Welt zu bereisen.

DVD-Cover zum Film ‚Mamma mia!'

Mamma mia!, *Money, money, money*, *Dancing Queen*, *The winner takes it all*, *Gimme! Gimme! Gimme!* oder *I have a dream* sind nur einige der im Musical verwendeten Hits. Sie stammen von den männlichen Mitgliedern der Popgruppe ABBA, Benny Andersson (geb. 1946) und Björn Ulvaeus (geb. 1945).

Das Musical *Mamma mia!* wurde international ein großer Erfolg und bisher von mehr als 33 Millionen Menschen weltweit gesehen. Der 2008 erschienene Kinofilm mit bekannten Stars wie Meryl Streep und Pierce Brosnan wurde zur erfolgreichsten Musicalverfilmung der Geschichte (Stand: 2009). Die Schauspielerinnen/Schauspieler des Films sangen unter der musikalischen Leitung von Benny Andersson alle Songs selbst ein.

Donna begegnet den drei möglichen Vätern ihrer Tochter Sophie nach langen Jahren wieder. Dabei ist sie etwas irritiert und äußert mit dem Song *Mamma mia!* ihre damaligen und jetzigen Gefühle.

MAMMA MIA!

Musik und Originaltext: Benny Andersson, Björn Ulvaeus, Stig Anderson
deutscher Text: Michael Kunze

B1/2

B. Andersson, B. Ulvaeus, S. Anderson, *Mamma mia!*
Playback zu *Mamma mia!*

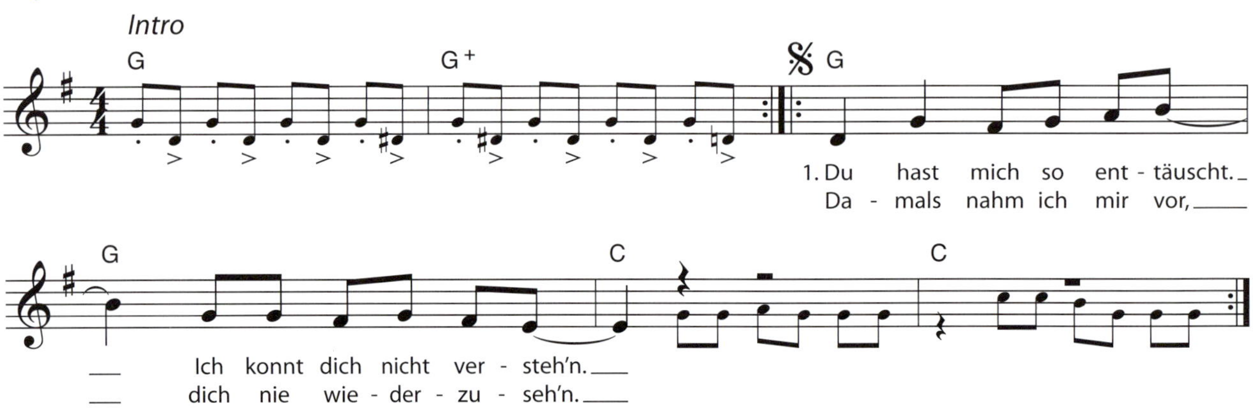

2. Ich hab um dich geweint, wusste nicht ein noch aus.
Doch ich hab mir geschwor'n, dass ich lerne daraus.
Jetzt stehst du hier …

Dancing Queen

In dieser Szene erinnern Rosie und Tanja ihre Freundin Donna an gemeinsame Zeiten als Musikgruppe.

Musical Dance

Der Musicaltanz (engl. musical dance) hat viele Elemente aus anderen Tanzstilen aufgenommen: z. B. aus dem Jazzdance (Bewegungstanz zu populärer Musik), dem klassischen Ballett, dem Hip-Hop und dem Modern Dance (zeitgenössischer Tanz). Dazu kommen manchmal improvisatorische (frei gestaltete) Teile sowie akrobatische Einlagen.

▶ Gestaltet zum Song *Dancing Queen* eine Musicalchoreografie! Einige Bewegungsbausteine dafür sind auf den Fotos unten dargestellt. Verwendet diese und/oder erfindet weitere!

Bewegungsbausteine zu *Dancing Queen*

mit Sprung re Fuß und re Hand nach vorn strecken, mit Becken mitwippen

mit Sprung Beingrätsche, Arme nach oben strecken

zur Seite drehen, re Fuß und re Arm abwinkeln

re Hand am Bauch, mit li Arm kreisende Bewegung vor dem Körper

in die Knie gehen, mit re Zeigefinger nach oben zeigen, Knie dann strecken

Arme abgewinkelt, Handflächen nach oben, Kopf nach re und li schieben

Beingrätsche, Handflächen nach vorne und Finger spreizen

Arme vor der Brust kreuzen, re, dann li Schulter heben

B3

B. Andersson, B. Ulvaeus, S. Anderson, *Dancing Queen*

Hinweise

Reiht die Bewegungsbausteine beliebig, aber passend zur Musik aneinander! Die Bewegungen können über einen oder mehrere Takte ausgeführt werden. Nützt den Raum aus, verbindet Bewegungsbausteine mit Schritten und tanzt z. B. in zwei Gruppen!

Musical-Memory

▸ Bei den folgenden Tonbeispielen hörst du acht Ausschnitte aus den bisher vorgekommenen Musicalsongs in bunter Reihenfolge.
Versuch sie zu erkennen, schreib ein Kreuz in die richtige Spalte und trag den Titel des jeweiligen Songs ein!

Beispiele zu Musical-Memory
B4–11

		Titel des Songs	My Fair Lady	West Side Story	Phantom der Oper	Mamma mia!
B4	1					
B5	2					
B6	3					
B7	4					
B8	5					
B9	6					
B10	7					
B11	8					

▸ Füll die leeren Felder in der Übersichtstabelle „Berühmte Musicals" aus!

Berühmte Musicals

Uraufführung	Titel	Komponist	literarische Vorlage
	My Fair Lady	Frederick Loewe	*Pygmalion* (G. B. Shaw, 1912)
			Romeo und Julia (W. Shakespeare, um 1595)
	Das Phantom der Oper		*Le Fantôme de l'Opéra* (G. Leroux, 1911)
		Benny Andersson, Björn Ulvaeus, Stig Anderson	______________

Quiz-Box 7

- Broadway heißt die Theaterstraße in …
- In welchem Musical heißt die weibliche Hauptrolle Eliza Doolittle?
- Wer komponierte die *West Side Story*?
- Wie heißt der Komponist des Musicals *Das Phantom der Oper*?
- Wie heißt die schwedische Popgruppe, deren Songs im Musical *Mamma mia!* verwendet werden?

◆ Mehr Fragen im MUSIKQUIZ

8 Zusammenklang der Töne

Bestimmte Zusammenklänge von Tönen empfinden wir als angenehm und vertraut, andere wiederum als unangenehm und fremd. In der Fachsprache gibt es dafür zwei Begriffe: Konsonanz und Dissonanz.

Konsonanz (lat. consonare = zusammenklingen) bedeutet die Verschmelzung zweier (Intervall) oder dreier und mehrerer Töne (Akkord) zu einem Klang, der uns das Gefühl von Ruhe und Entspannung vermittelt.

Folgende Intervalle sind konsonant:
Prim, Terz, Quart, Quint, Sext, Oktav

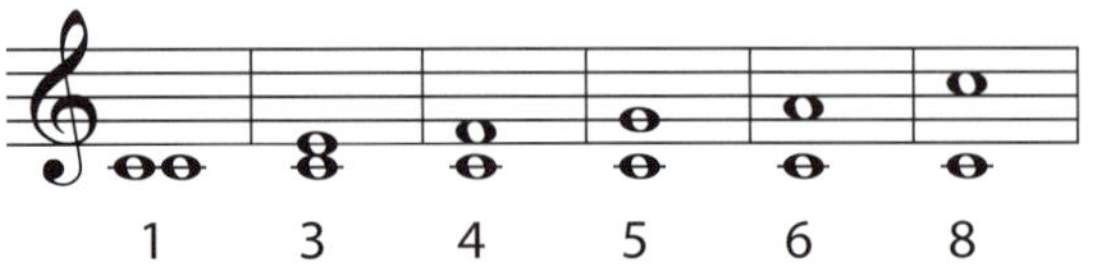

Dissonanz (lat. dissonare = misstönen) bezeichnet einen gespannten Klang, der meist nach einer Auflösung (Entspannung) drängt.

Folgende Intervalle sind dissonant:
Sekund, Septim

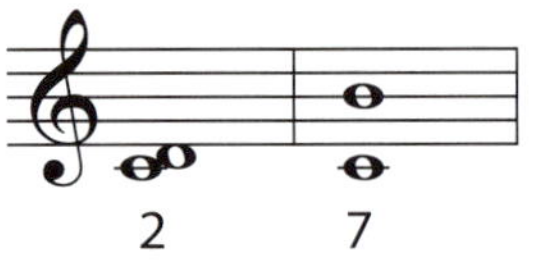

B12–17

Beispiele zu Konsonanz – Dissonanz

- Bei den Tonbeispielen B12–17 hörst du sechs verschiedene Intervalle. Welche sind konsonant (K), welche sind dissonant (D)? Trag die richtigen Buchstaben in die Kästchen ein!

☐ 1 ☐ 2 ☐ 3 ☐ 4 ☐ 5 ☐ 6

Neben Intervallen gibt es noch andere Zusammenklänge, die eine konsonante oder dissonante Wirkung haben. Im Lauf der Jahrhunderte haben sich die Hörgewohnheiten verändert. Einerseits fanden Komponistinnen/Komponisten immer mehr Möglichkeiten von Zusammenklängen und Kompositionsweisen, andererseits wurde nicht zuletzt durch die technische Entwicklung Musik einem breiteren Publikum zugänglich gemacht. Neue, ungewohnte Klänge sind dem menschlichen Ohr daher immer vertrauter geworden.

B18

Beispiele zu Entwicklung des Zusammenklangs

- Im Tonbeispiel B18 kannst du die historische Entwicklung des Zusammenklangs akustisch verfolgen. Die sieben Beispiele gehen schnell ineinander über. Versuch die Schnittstellen zu erkennen!

Bsp.	Jahr	Komponist, Werk
1	1721	Johann Sebastian Bach, *Brandenburgisches Konzert* Nr. 2
2	1811	Ludwig van Beethoven, Sinfonie Nr. 7, 3. Satz
3	1887	Anton Bruckner, Sinfonie Nr. 8, 2. Satz
4	1895	Richard Strauss, *Till Eulenspiegels lustige Streiche*
5	1928	Arnold Schönberg, Orchestervariationen op. 31
6	1960	Karlheinz Stockhausen, *Kontakte für elektronische Klänge, Klavier und Schlagzeug*
7	1967	György Ligeti, *Lontano für großes Orchester*

Streichinstrumente

Die Saiten von **Streichinstrumenten** werden in der Regel mit einem Bogen gestrichen. Die Form der Streichinstrumente, wie wir sie heute kennen, kam etwa um 1500 in Gebrauch. In dieser Zeit hatte der Instrumentenbau große Fortschritte gemacht und man war nach und nach auf jene Bauweise gekommen, die ein Streichinstrument optimal klingen lässt.
Viele bedeutende Geigenbauer stammen aus Italien, wobei die Familien **Stradivari**, **Amati** und **Guarneri** am berühmtesten wurden. Instrumente aus diesen Werkstätten zählen heute zu den wertvollsten, ihr Klang ist noch immer unübertroffen.

Streichinstrumente im Größenvergleich (Korpuslänge):

Violine (Geige) | Viola (Bratsche) | Violoncello | Kontrabass

Die Violine

Die **Violine** wird auch Geige genannt und ist das Sopraninstrument in der Familie der Streichinstrumente.

Die Saiten sind in Quinten gestimmt:

Besprecht die einzelnen Teile der Violine und des Bogens! Trag dann die Bezeichnungen richtig ein!

Geigenbau

Instrument: F-Löcher, Hals, Griffbrett, Schnecke, Steg, Wirbel, Zargen, Decke, Boden, Saitenhalter

Bogen: Bogenhaare, Bogenstange, Frosch, Spitze

Die Violine wird als Solo- und Orchesterinstrument verwendet. Im folgenden Ausschnitt wird die Solovioline virtuos gespielt.

▸ Lies beim Hören im Notenbild mit!

B19

Max Bruch, Violinkonzert g-Moll, 3. Satz – Beginn

Aufführung eines Violinkonzerts

Die Viola

Die **Viola** wird auch Bratsche genannt und ist das Altinstrument in der Familie der Streichinstrumente. Obwohl sie um eine Quint tiefer gestimmt ist als die Violine (c, g, d1, a1), ist ihr Korpus nur um ca. 6 cm länger als der Korpus der Violine.

B20

Henri Vieuxtemps, *Capriccio für Viola solo* – Beginn

▸ Hör das Tonbeispiel B20 und versuch, den Klang der Viola zu beschreiben! Welche der unten angegebenen Wörter sind deiner Meinung nach passend? Kreuze an und ergänze!

☐ mild	☐ grell
☐ brillant	☐ zart
☐ hell	☐ warm
☐ dunkel	☐ ______
☐ satt	☐ ______

Viola

Das Violoncello

Das **Violoncello** ist das Tenorinstrument in der Familie der Streichinstrumente und ist um eine Oktav tiefer gestimmt als die Viola (C, G, d, a).
Es wird im Sitzen gespielt und sowohl im Orchester als auch als Soloinstrument verwendet.

Violoncello

Niccolò Paganini, *Caprice Nr. 9* – Beginn

B21

Im Tonbeispiel B21 hört ihr, dass man auf dem Violoncello auch mehrstimmig spielen kann.

N. Paganini, *Variationen über ein Thema aus Rossinis ‚Mose'* – Schluss

B22

Der Musikausschnitt des Tonbeispiels B22 gehört zu den technisch schwierigsten Stücken der Violoncello-Literatur. Durch verschiedene Bogentechniken werden unterschiedliche Klangfarben hörbar. Der Schluss imponiert durch sein enormes Tempo, das nur ausgezeichnete Interpretinnen/Interpreten bewältigen können.

Der Kontrabass

Kontrabass

Der **Kontrabass** ist das Bassinstrument in der Familie der Streichinstrumente.
Er ist in Quarten gestimmt (E1, A1, D, G).

R. Wagner, *Die Meistersinger von Nürnberg,* Ouvertüre – Ausschnitt (Kontrabass solo)

B23

- Hör das Tonbeispiel B23, präg dir den Klang des Kontrabasses ein und lies beim Hören im Notentext mit!

R. Wagner, *Die Meistersinger von Nürnberg,* Ouvertüre – Ausschnitt (Orchester)

B24

- Versuch, beim Hören des Tonbeispiels B24 die Bassstimme im Notenbild (siehe oben) zu verfolgen! Sie ist nicht ohne Weiteres hörbar, da die Melodie in der Oberstimme sehr dominant ist. **Richard Wagner** (1813–1883 / 69 J.) hat bei dieser Stelle das Thema in den Bass gelegt.

Streichinstrumenten-Pantomime

Das Tonbeispiel B25 besteht aus fünf Ausschnitten, bei denen du verschiedene Streichinstrumente erkennen sollst.

B25

Beispiele zu Streichinstrumenten-Pantomime

- Versucht, die im Tonbeispiel B25 vorkommenden Instrumente pantomimisch richtig darzustellen!

Violine *Violoncello* *Kontrabass*

Die Spielarten bei Streichinstrumenten

Streichinstrumente können durch Anwendung einzelner Spielarten verschiedenartig klingen.
Bei den nächsten Tonbeispielen lernst du folgende Spielarten kennen:

legato	=	gebunden
staccato	=	gestoßen
glissando	=	gleitend
pizzicato	=	gezupft
tremolo	=	schnelles Auf- und Abstreichen des Bogens auf einem Ton
flageolett	=	die mit leicht aufgesetztem Finger verkürzte Saite streichen
vibrato	=	wird durch Hin- und Herbewegen des Griff-Fingers erzeugt und gibt dem Ton die notwendige Fülle

Legato – Staccato

- Singt die Tonfolge legato und staccato!

Legato wird mit einem Bogen notiert.

Staccato wird mit einem Punkt unter/über der Note notiert.

B26

Franz Liszt, *Les Préludes* – Ausschnitt (Violinen)

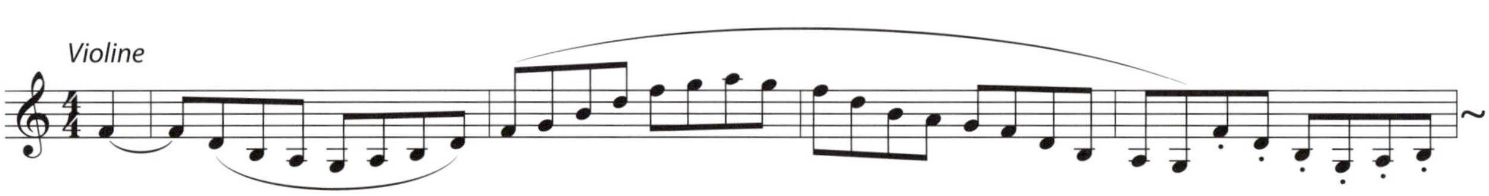

Glissando

Das Gleiten durch ein größeres Intervall (Verschleifen der einzelnen Tonstufen) heißt glissando (gliss.).

Maurice Ravel, *La Valse* – Ausschnitt (2x) (Violine solo) B27

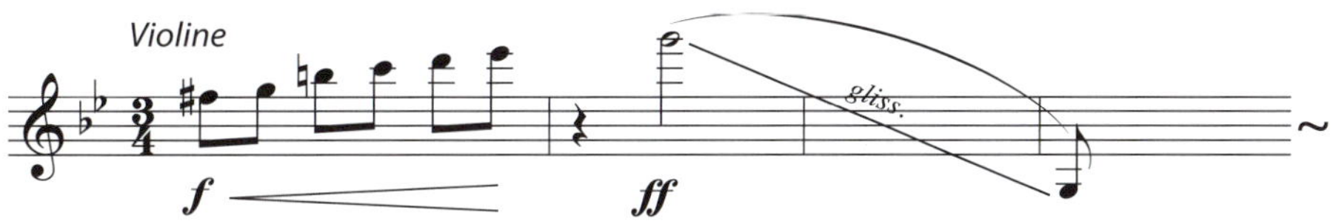

Pizzicato

Pizzicato entsteht, wenn die Saiten mit dem Finger gezupft werden.

P. I. Tschaikowsky, Sinfonie Nr. 4, 3. Satz – Beginn B28

Peter Iljitsch Tschaikowsky (1840–1893 / 53 J.) lässt alle Streicher am Beginn des dritten Satzes seiner 4. Sinfonie im Pizzicato spielen:

Tremolo

Tremolo entsteht, wenn man den Bogen schnell auf einem Ton hin und her (Abstrich – Aufstrich) bewegt.

Im Notenbild wird das Tremolo durch Querstriche am Hals der Note (Abb. 1) oder zwischen den Noten (Abb. 2) angegeben, wenn zwei Töne gespielt werden.

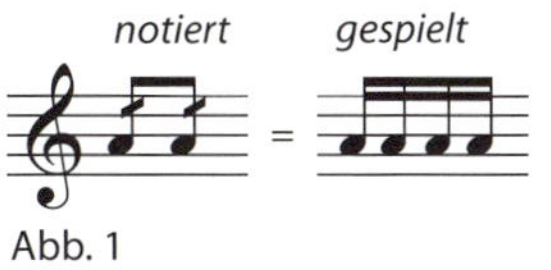

Abb. 1

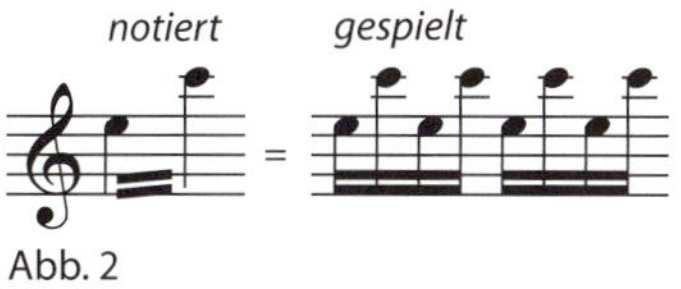

Abb. 2

R. Wagner, *Der Fliegende Holländer*, Ouvertüre – Ausschnitt (Violinen) B29

B30

G. Bizet, *Carmen,* Ouvertüre – Ausschnitt

Im Tonbeispiel B30 hört ihr einen Ausschnitt aus der Ouvertüre (Vorspiel) zur Oper *Carmen* des französischen Komponisten **Georges Bizet** (1838–1875 / 46 J.). Die Melodie wird von den Violoncelli gespielt, die übrigen Streicher begleiten mit Akkorden im Tremolo. Bizet hat mit dieser Instrumentation versucht, beim Hörer eine ganz bestimmte Stimmung zu erzeugen.

Georges Bizet

- Welche der drei angegebenen Möglichkeiten passt deiner Meinung nach am ehesten zum Ausschnitt?

☐ Hochzeitsmotiv
☐ Schicksalsmotiv
☐ Waldmotiv

Flageolett

Wenn man eine Saite auf dem Griffbrett an bestimmten Stellen nicht ganz niederdrückt und sie mit dem Bogen streicht, entstehen Töne im Flageolett. Sie klingen flötenähnlich, hohl und gläsern und sind sehr schwierig zu spielen. Töne im Flageolett erkennt man im Notenbild durch eine zusätzliche rhombische (rautenförmige) Notation.

B31

Camille Saint-Saëns, Violinkonzert, 2. Satz – Schluss

Spielarten-Repeat

B32–40

Beispiele zu Spielarten-Repeat

- Hör die Tonbeispiele B32–40 jeweils bis zum Schluss!
Kreuze erst dann jene Spielart(en) an, die du bei jedem Beispiel heraushören konntest!

	B32	B33	B34	B35	B36	B37	B38	B39	B40
legato									
staccato									
glissando									
pizzicato									
tremolo									
flageolett									

Violinen-Olympiade

Bei dieser Olympiade ist jede Schülerin/jeder Schüler Jurorin/Juror und muss vier Musikbeispiele bewerten.

- Benütz die Jury-Tabelle wie folgt:
  - Für jedes Beispiel kannst du in zwei Spalten („Technischer Schwierigkeitsgrad" und „Persönlicher Geschmack") Punkte vergeben.
    Mögliche Wertungspunkte: 1–5 (5 ist die höchste Wertung). Ein Wert kann auch öfter vergeben werden. Die Summe der Punkte aus den zwei Spalten zeigt die Gesamtpunkteanzahl. Die Platzierung der Titel ergibt sich aus der Ordnung der Gesamtpunkte. Mach dir zu jedem Beispiel auch Notizen für das Interview, damit du deine Wertung begründen kannst!

Beispiele zu Violinen-Olympiade

B41–44

Jury-Tabelle			Technischer Schwierigkeitsgrad	Persönlicher Geschmack	Gesamtpunkte	Platzierung	
Bsp.	Länge	Titel des Stücks					Notizen
1 B41	2:24	Pablo de Sarasate (1844–1908), *Fantasie über Themen aus der Oper ‚Carmen',* Moderato – Schluss					
2 B42	1:06	Heinrich Wilhelm Ernst (1814–1865), *Konzertvariationen über ‚The last rose of summer',* Variation Nr. 4					
3 B43	1:43	Niccolò Paganini (1782–1840), *Caprice* op. 1/1					
4 B44	1:54	Franz Waxmann (1906–1967), *Fantasie über Themen aus der Oper ‚Carmen', Chanson bohème: Les tringles des sistres tintaient* – Schluss					

Den Klassenolympiasieger könnt ihr ermitteln, wenn ihr die Einzelwertungen zusammenzählt.
Die Goldmedaille gewinnt der Titel mit der höchsten Punkteanzahl.

Olympiasieger ist das Beispiel Nr. ________ .

Interview

Nach dem olympischen Bewerb werden die Jurymitglieder zu einem Interview gebeten.

- Gestaltet Interviews:
  - Eine Schülerin/Ein Schüler ist die Reporterin/der Reporter, eine andere/ein anderer wird interviewt.
  - Welche Fragen können gestellt werden?
  - Greif auf deine Notizen zurück!

Hummelflug

Der *Hummelflug* ist ein Instrumentalstück aus der Oper *Das Märchen vom Zaren Saltan,* die der russische Komponist **Nikolai Rimski-Korsakow** (1844–1908 / 64 J.) geschrieben hat. Die Oper wurde im Jahr 1900 in Moskau uraufgeführt. Der Komponist wollte in diesem Orchesterstück den Flug einer Hummel musikalisch nachzeichnen. Er wählte ein sehr schnelles Tempo und setzte auch verschiedene Spielarten auf den Streichinstrumenten ein, um die gewünschte Stimmung zu erzeugen.

Spiel-mit-Satz zu *Hummelflug*

B45

N. Rimski-Korsakow, *Hummelflug*

Multimedialer Spiel-mit-Satz

Einrichtung: Gerhard Wanker

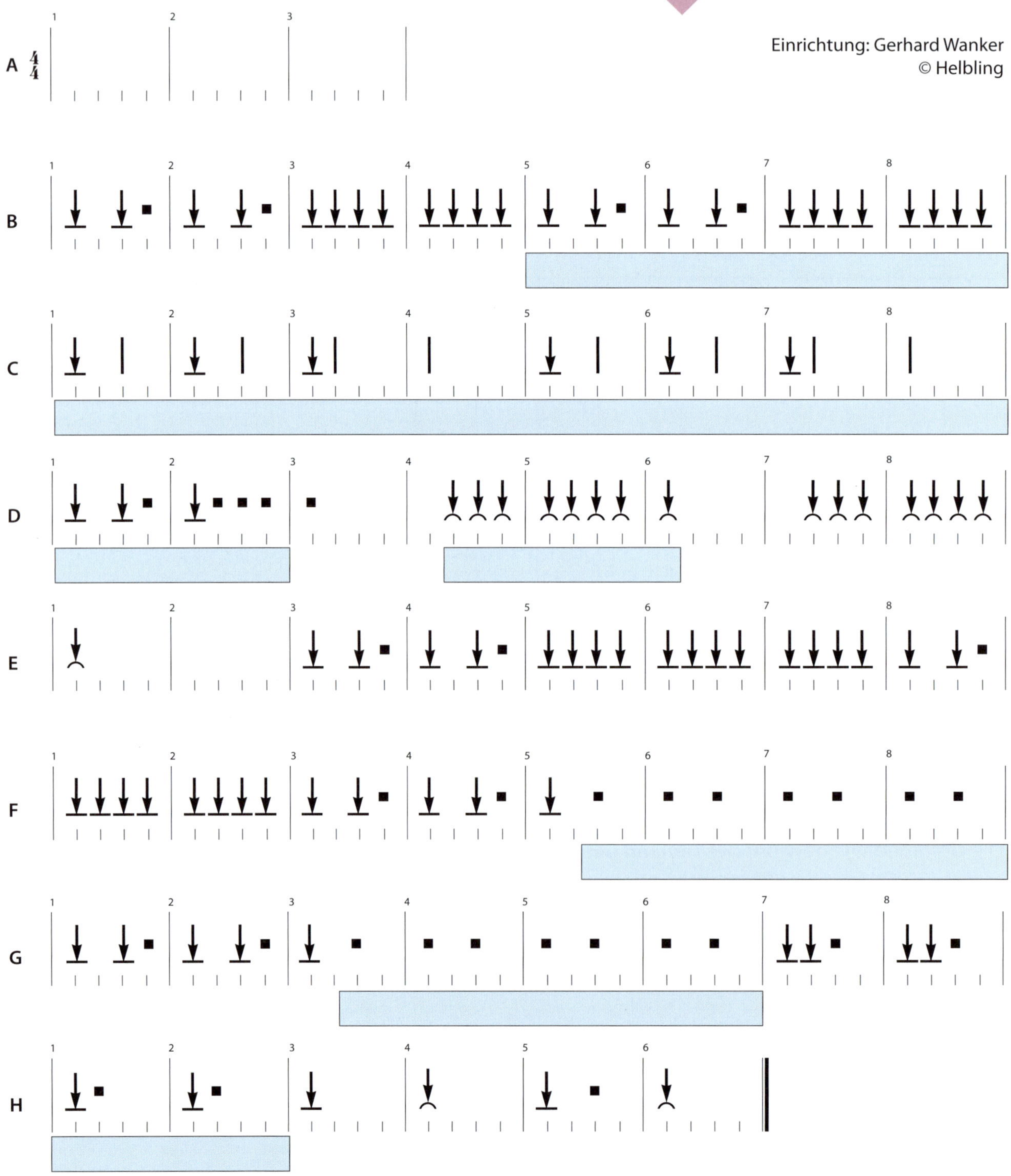

▶ Hör das Tonbeispiel B45 nochmals und konzentriere dich auf die Stellen mit den blauen Balken im Spiel-mit-Satz! Bei diesen Stellen wirst du die Streichinstrumente deutlich hören. Schreib in jeden Balken die Spielart, die du erkennen kannst!

N. Rimski-Korsakow, *Hummelflug* (Yo-Yo Ma, Bobby McFerrin)

B46

Der *Hummelflug* hat viele Interpretinnen/Interpreten herausgefordert, das Stück zu bearbeiten, da es sehr bekannt und außerordentlich virtuos ist.
Das Tonbeispiel B46 ist eine Aufnahme für Violoncello und Singstimme aus dem Jahr 1992.
Die Interpreten sind Yo-Yo Ma (Violoncello) und Bobby McFerrin (Singstimme).

Bobby McFerrin *Yo-Yo Ma*

Quiz-Box 8

- Was bezeichnet der Begriff Konsonanz?
- Was bezeichnet der Begriff Dissonanz?

Quiz-Box 9

- Wie heißen die bedeutendsten Geigenbauer aus Italien?
- Wie nennt man das Sopraninstrument in der Familie der Streichinstrumente?
- Wie wird eine Viola noch genannt?
- Welches Streichinstrument wird beim Spielen im Sitzen zwischen den Beinen gehalten?
- Welches Streichinstrument ist in Quarten gestimmt?
- Was heißt „pizzicato“?
- Das schnelle Auf- und Abstreichen des Bogens bei Streichinstrumenten nennt man …

◆ Mehr Fragen im MUSIKQUIZ

HARK, THE HERALD ANGELS SING

Text und Musik: Charles Wesely (1707–1788)
deutscher Text: Siegfried Singer
© Helbling

B47 Playback zu *Hark, the herald angels sing*

2. Christ by highest heaven adored, Christ the everlasting Lord.
In the manger born a King, while adoring angels sing.
Peace on earth, to men good will, with the trembling sobbing still.
Christ on earth has come to dwell, Jesus our Emanuel.
Hark, the herald angels sing, Glory to the newborn King.

2. *Gnadenreich ist sein Erscheinen für die Menschen dieser Welt.*
Licht und Leben bringt er ihnen, ew'ge Freuden ungezählt.
Jauchzet auf, ihr Völker all, freuet euch und ruft mit Schall:
Heute ist geboren Gott, der erlöst uns von der Not.
Heute ist geboren Gott, der erlöst uns von der Not.

- *Wir atmen aus und durch die Nase ein, öffnen leicht unseren Mund und stellen uns vor, dass wir in die Dunkelheit lauschen. Nachdem nichts zu hören ist, atmen wir durch den Mund aus, lauschen wieder, lassen die Atemluft wieder einströmen und seufzen dann erleichtert aus. Diese Übung wiederholen wir mehrere Male.*
- *Wir singen die ersten vier Takte des Lieds auf einem Atem, beginnen im mf und enden im ff. Wir versuchen dabei, die Klangqualität vom tiefsten bis zum höchsten Ton auszugleichen.*

B48 *Hark, the herald angels sing* (Take Six)

Im Tonbeispiel B48 hört ihr das obige Weihnachtslied in der Fassung der amerikanischen A-Cappella-Gruppe **Take Six**, die aus sechs Männern besteht. Das Vokalarrangement zeichnet sich durch jazzorientierte Akkorde aus und verlangt von den Interpreten ausgezeichnete Stimmbeherrschung.

Ein **Oratorium** ist ein großes, geistliches Werk für Orchester, Chor und Gesangssolistinnen/ Gesangssolisten, in dem meist biblische Stoffe vertont werden.

Portrait Händels und Titelseite des ‚Messias' in einem frühen Druck des Werks

Der Messias

Georg Friedrich Händel (1685–1759 / 74 J.) schrieb den *Messias*, eines der bedeutendsten Oratorien mit einer Aufführungsdauer von über zwei Stunden, in nur 24 Tagen, was eine unglaubliche Leistung darstellt.

Die Uraufführung war am 13. April 1742 in Dublin. Der finanzielle Erlös daraus wurde einem wohltätigen Zweck zugeführt. Mit dem Geld konnte die Versorgung von Häftlingen in einem Dubliner Gefängnis verbessert werden. Die Originalversion des *Messias* ist in englischer Sprache.

Aufführung des ‚Messias' mit Tausenden Beteiligten

Händel dirigierte den *Messias* viele Male selbst und veränderte immer wieder die Partitur, abhängig von der Zahl an Musikerinnen/Musikern, die er im Orchester gerade zur Verfügung hatte.

Im 19. und beginnenden 20. Jahrhundert erlebte der *Messias* Aufführungen in gewaltigen Dimensionen: Zum 100. Todestag Händels im Jahr 1859 waren im Rahmen eines Konzerts in London 2765 Sängerinnen und Sänger (Chor) sowie 460 Instrumentalistinnen und Instrumentalisten (Orchester) beteiligt.

Ein Oratorium wie Händels *Messias* enthält verschiedene musikalische Gestaltungsformen, um die textliche Vorlage zu vertonen:

- **Rezitativ** bedeutet Sprechgesang. Es hat die Aufgabe, die Handlung zu erzählen.
- Die **Arie** ist ein kunstvoller, meist mehrteiliger Sologesang mit Instrumentalbegleitung.
- **Chorstücke** präsentieren in einem Oratorium oft das „Volk".

Halleluja

G. F. Händel, *Der Messias, Halleluja*

B49

Eines der bedeutendsten Chorstücke aus dem *Messias* ist das *Halleluja*, die Lobpreisung Gottes. Es wurde in England so berühmt, dass es in der Folge üblich war, sich während des Stücks von den Sitzen zu erheben, als erklinge die Nationalhymne.

Der Messias in Bearbeitungen

CD-Cover der Bearbeitung von Tom Parker

Die Popularität des *Messias* hat verschiedene Musiker angeregt, die Originalversion Händels auszugsweise neu zu bearbeiten.

The young Messiah

Tom Parker schuf im Jahr 1975 eine erste populäre Version.

B50 T. Parker, *The young Messiah, Hallelujah*

▶ Hört Parkers Version des *Hallelujah* und vergleicht sie mit der Originalversion Händels! Wo könnt ihr Unterschiede entdecken (Instrumente, Behandlung der Singstimme …)? Bilde dir ein Urteil über diese Version und begründe es!

Text

Hallelujah!
For the Lord God omnipotent reigneth.
Hallelujah!
The kingdom of this world
is become the kindom of our Lord and of His Christ.
And he shall reign for ever and ever.
King of Kings! Hallelujah!
Forever and ever, Hallelujah!
And Lord of Lords! Forever and ever, Hallelujah!
King of Kings and Lord of Lords! Hallelujah!

Handel's Messiah – A soulful celebration

B51 M. Warren, M. Kibble, *Every valley shall be exalted*

Im Jahr 1992 brachten Mervin Warren, Mark Kibble (Mitglieder der amerikanischen Vokalgruppe Take Six) u. a. eine Bearbeitung des *Messias* auf den Markt, in die Stile der aktuellen Popmusik eingeflossen waren. Besonders deutlich kommen diese neuen Stile in *Every valley shall be exalted* (dt. Fassung: Alle Tale macht hoch erhaben) zu Tage.

Das Stück beginnt zunächst mit einem Teil von Händels Original, entwickelt sich dann aber sofort im Stil des Soul weiter. Auch der Gesangsstil Rap (eine Art Sprechgesang, die Discjockeys Mitte der 1970er-Jahre in New York entwickelt haben) wird verwendet (siehe Zeile H im Spiel-mit-Satz zu *Every valley shall be exalted* auf der nächsten Seite).

CD-Cover der Bearbeitung von M. Warren und M. Kibble

Quiz-Box 10

- Wie heißt eine berühmte US-amerikanische A-Cappella-Gruppe aus den Bereichen Pop und Jazz?

Quiz-Box 11

- Was ist ein Oratorium?
- Wo wurde das Oratorium *Der Messias* von Georg Friedrich Händel 1742 uraufgeführt?
- Wie lange schrieb Georg Friedrich Händel an seinem Oratorium *Der Messias*?

◆ Mehr Fragen im MUSIKQUIZ

Spiel-mit-Satz zu *Every valley shall be exalted* – Tonbeispiel B51

Shape-Figuren (Zeile H)

Einrichtung:
Bernhard Gritsch

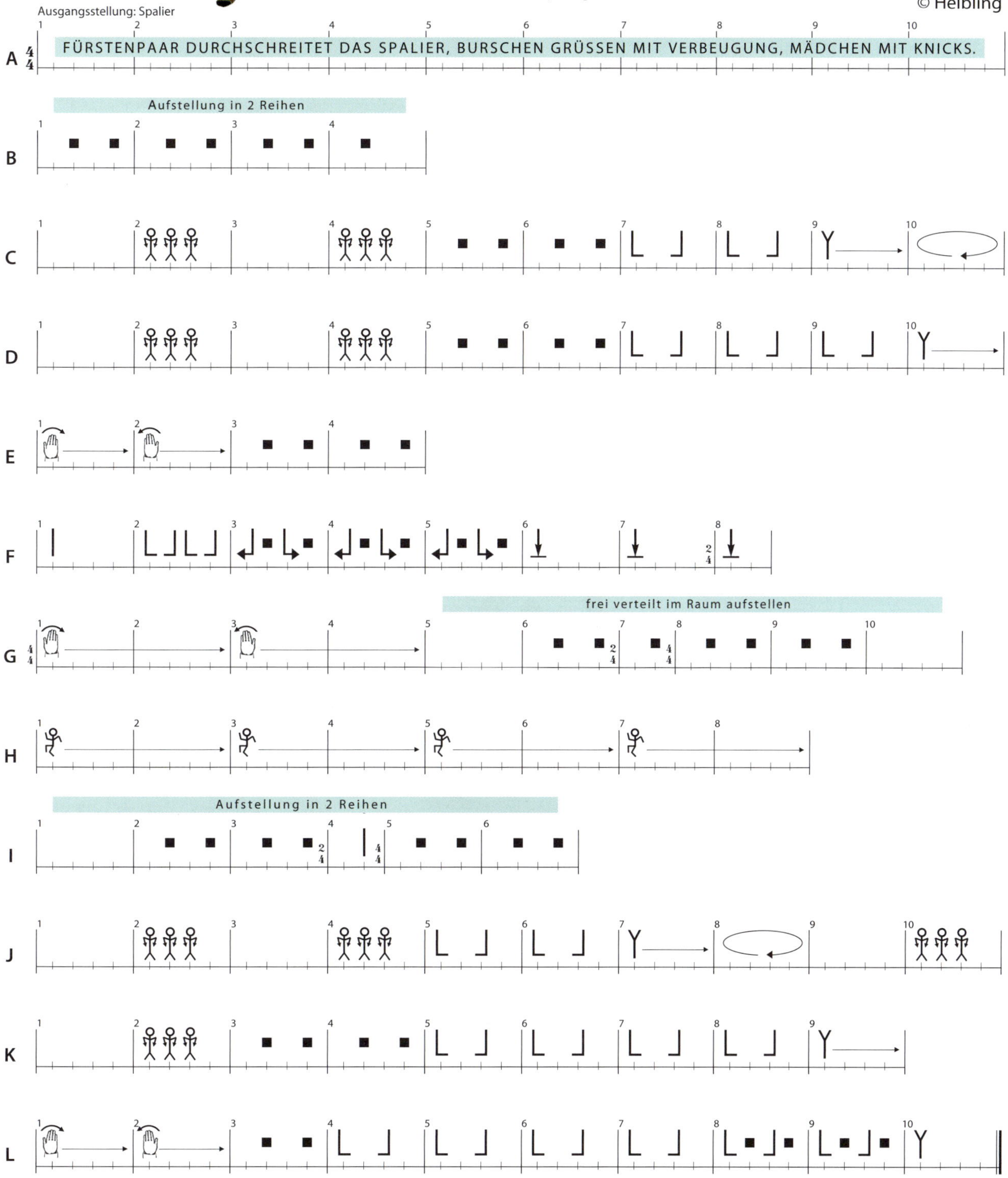

12 Eskimo-Krimi

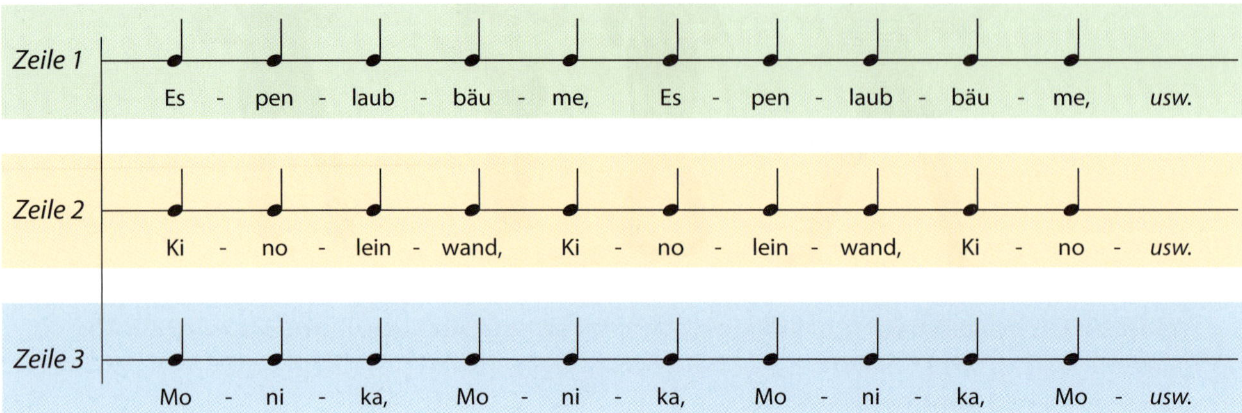

Wir gestalten den Eskimo-Krimi mit den obigen Wörtern:

- Sprich zuerst jede Zeile vor dich hin, indem du das angegebene Wort ständig wiederholst! Dabei kannst du die Taktart jeder Zeile herausfinden, wenn du jeweils die erste Silbe des Worts betonst.
- Vervollständige den Notentext, indem du am Beginn jeder Zeile die Taktart und dann Taktstriche hinzufügst! Schreib auch ein Betonungszeichen über die Noten der betonten Wortsilben!
- Sprecht die drei Zeilen in drei Gruppen im selben Tempo und wiederholt euer Wort, bis die Lehrerin/der Lehrer oder eine Schülerin/ein Schüler abwinkt!
- Probiert die Sprechfassung auch zu singen: Jede Gruppe singt nun die jeweilige Zeile auf einem Ton.

Wir lösen den Fall

Tatbestand
Wenn jede Gruppe in einem gleichbleibenden Metrum jeweils die erste Silbe des Rhythmusworts laut spricht/singt und die weiteren Silben nur mitdenkt, ergibt sich irgendwann das Wort ESKIMO.

Lösungsvorgang
Jede Gruppe bestimmt eine Detektivin/einen Detektiv, die/der die Aufgabe hat, zu zählen, wie oft das jeweilige Wort einer Gruppe wiederholt werden muss, bis die Silben ES-KI-MO unmittelbar hinter- einander erklingen.

Überprüfung
Die richtige Detektivlösung wird wie folgt überprüft:
Eine Detektivin/Ein Detektiv lässt alle drei Gruppen gleichzeitig beginnen und winkt dann ab, wenn das Wort ESKIMO als geschlossenes Wort deutlich hörbar ist. Alle Mitglieder einer Gruppe zählen bis zum Abwinken mit, wie oft sie ihr Wort sagen und vergleichen danach.

Musik und ihre Wirkung 13

Du wirst sicher schon bemerkt haben, dass dich verschiedene Arten von Musik in deiner Stimmung beeinflussen können. Da das Ohr des Menschen nicht „abschaltbar" ist wie das Auge, nehmen wir in unserem Alltagsleben ständig bewusst oder unbewusst Geräusche und Klänge wahr.

Sprecht anhand des Diskussionspapiers (siehe unten) über die Wirkung von Musik! Bereitet in Gruppenarbeit das Ergebnis auf:

- als Round-Table-Gespräch (mehrere Diskussionspartnerinnen/-partner)
- als Interview
- als Reportage (Berichterstattung)
- …

1. **Wo kannst du Musik hören?**
   Konzert, Radio, Fernsehen, Tanzveranstaltungen, Auto, Diskotheken, CD, Sportplatz, Kino …
2. **Welche Arten von Musik kannst du hören?**
   Popmusik, sinfonische Musik, Opernmusik, Volksmusik, Jazz, Meditationsmusik, Untermalungsmusik …
3. **In welchen Situationen nimmst du Musik bewusst oder unbewusst wahr?**
   Denke dabei an: Livekonzert, Kaufhausmusik, Musik in der Werbung, Filmmusik …
4. **Wo, wann, wie und warum wirst du von Musik beeinflusst?**

Wörter, die Musik bzw. ihre Wirkung beschreiben:

erregend	–	beruhigend
lebhaft	–	müde
wuchtig	–	zart
schnell	–	langsam
hart	–	weich
aggressiv	–	friedvoll
fröhlich	–	traurig
aufgeweckt	–	ruhig
genervt	–	entspannt
hektisch	–	cool
…		

Ein Hörspiel einmal anders

Wenn im Rundfunk ein Hörspiel gemacht wird, ist zunächst der Text vorhanden.
Die Gestalterin/Der Gestalter eines Hörspiels versucht nun, diesen Text einerseits durch die Verschiedenartigkeit des Sprechens, andererseits mittels akustischer Untermalung zu gestalten. Die notwendige Spannung und jeweilige Stimmung, die der Text ausdrücken soll, wird durch Musik verstärkt.

Bei unserer Aufgabe ist zuerst die Musik vorhanden (Tonbeispiel B52).
Der Text bzw. eine Handlung werden gesucht.

Arbeitsvorgang

- Hör das Tonbeispiel B52 und beobachte dich, woran du durch die Musik erinnert wirst!
- Beim nochmaligen Hören orientier dich an der Zeitleiste und markiere jene Stellen, bei denen du dir beim ersten Hören etwas vorstellen konntest!
- Versuch nun Wörter zu finden, die zu deinen Gedanken passen!
- Verbinde die gefundenen Wörter zu einer Geschichte!
- Sprich diese Geschichte ausdrucksvoll und passend zur Musik!
- Nehmt eure Geschichten anschließend auf Video und/oder Tonträger auf!

B52

Th. Wanker, *Fatal Discovery*

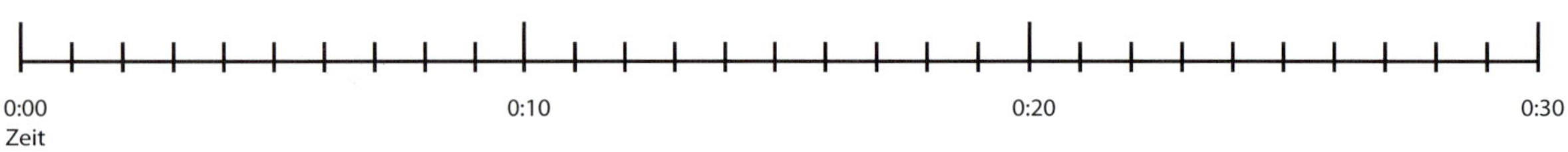

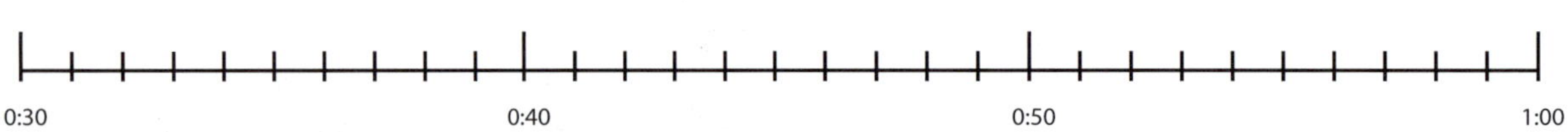

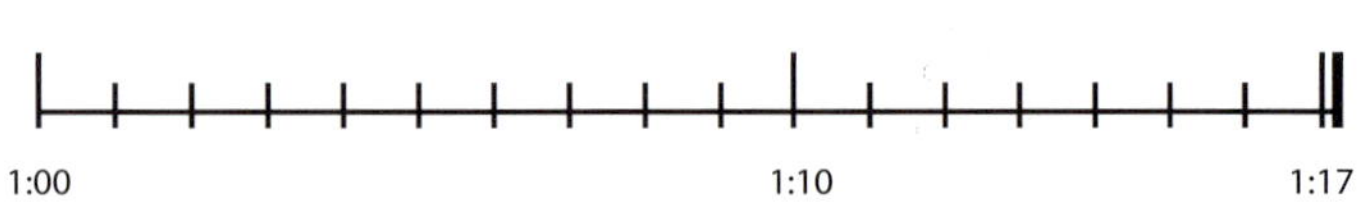

Multimediale Hörpartitur

Auf der nächsten Seite siehst du die Partitur dieses Stücks.
Hör *Fatal Discovery* nochmals und versuch, dich im Notenbild zu orientieren!

FATAL DISCOVERY

Musik: Thomas Wanker · © Thomas Wanker

14 Zupfinstrumente

Die Saiten von **Zupfinstrumenten** werden durch Anzupfen oder Anreißen in Schwingung gebracht.

Die Harfe

Konzertharfe

Die **Harfe** ist eines der ältesten Instrumente und schon auf Wandmalereien in Ägypten (ca. 2700 v. Chr.) zu sehen. Sie ist das einzige Zupfinstrument, das heute im Orchester regelmäßig verwendet wird. Die moderne **Konzertharfe** besteht aus einem schräg vom Boden gegen den Spieler hin verlaufenden Resonanzkörper und einer Vorderstange, die den geschwungenen Hals trägt. Sie hat 46 bis 48 Saiten. Die sieben Pedale dienen dem Umstimmen der Saiten und sind notwendig, weil die Harfe nur in einer Tonart (Ces-Dur) gestimmt ist. Die Saiten werden durch Zupfen mit den Fingern beider Hände zum Klingen gebracht.
Die **Volksharfe** ist eine verkleinerte Form der Konzertharfe. Sie wird als Solo- und Begleitinstrument in der alpenländischen Tanz- und Stubenmusik eingesetzt.

Arpeggio

C1

P. I. Tschaikowsky, *Schwanensee,* 2. Akt, Nr. 13 – Ausschnitt

Eine typische Spielart auf der Harfe ist das Arpeggio. Es entsteht, wenn man die Einzeltöne eines Akkords kurz hintereinander spielt. In der Notation wird dies durch eine Wellenlinie vor dem Akkord angezeigt. Die Harfe wird wie das Klavier in zwei Notensystemen notiert.

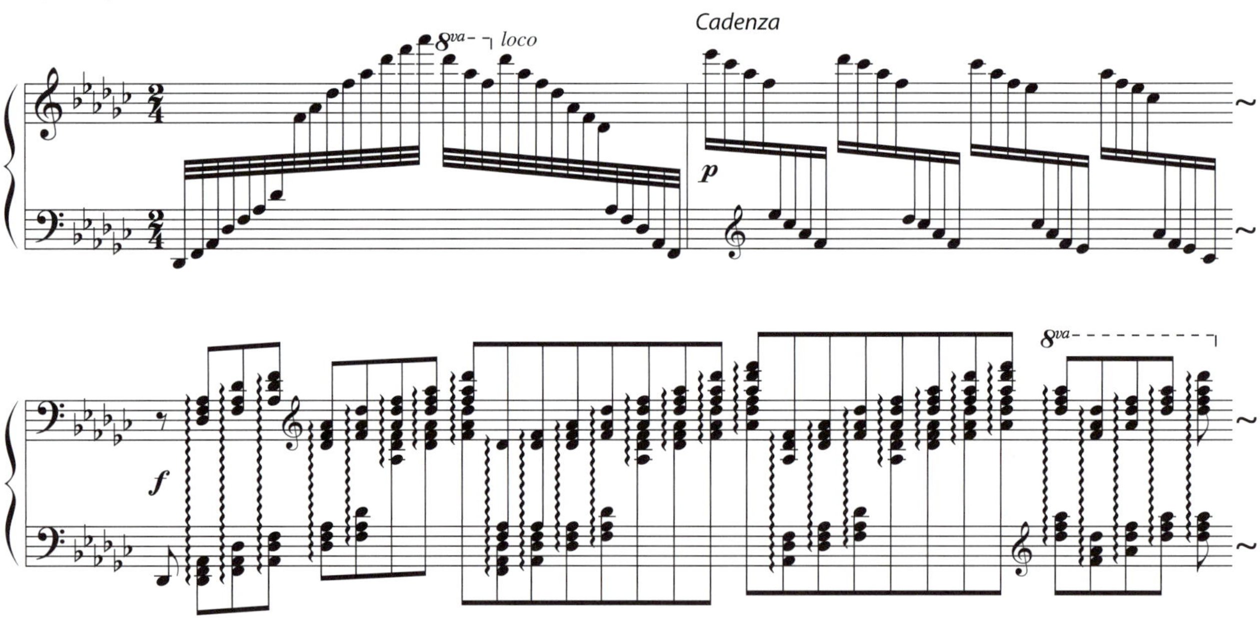

Glissando

C2

Auch ein Glissando (ein- oder mehrstimmig) ist auf der Harfe gut zu spielen.

Harfe, drei verschiedene Glissandi

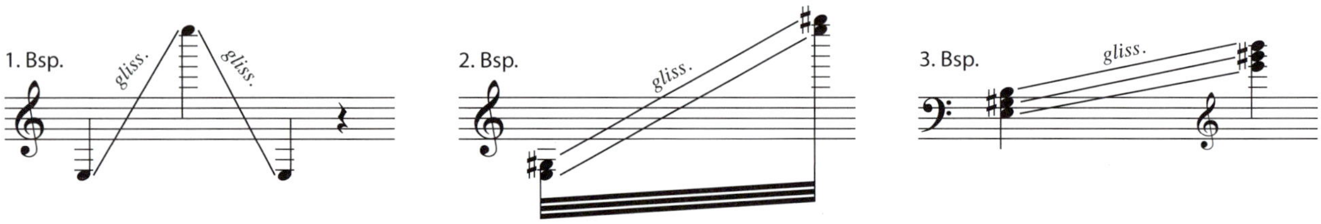

Die Zither

Zither

Die **Zither** hat einen flachen Resonanzkasten. Die fünf Melodiesaiten werden mit der linken Hand gegriffen und mit einem Dorn, der am rechten Daumen befestigt ist, angerissen. Am Griffbrett sind Metallbünde angebracht.

Bis zu 38 Begleitsaiten werden mit den Fingern der rechten Hand gezupft.

Die Zither ist bei uns vor allem in der Volksmusik stark verbreitet.

Im Film *Der dritte Mann* (1949) wird die Filmmusik ausschließlich mit der Zither gespielt. Sie stammt von **Anton Karas**, der sie selbst eingespielt hat. Am berühmtesten daraus wurde das *Harry-Lime-Thema*.

A. Karas, *Harry-Lime-Thema*

C3

▶ Versucht, während des Hörens des Tonbeispiels C3 bzw. während des Sehens des Videobeispiels pantomimisch die Zither zu spielen!

Die Mandoline

Mandoline

Die **Mandoline** hat einen birnenförmigen Resonanzkörper mit vier Doppelsaiten. Sie ist gleich gestimmt wie die Violine.

Die Saiten werden mit einem Plektrum (Plättchen) einfach oder vibrierend (tremolo) gezupft.

Die Mandoline ist in Süditalien ein Volksinstrument. Sie wird meist als Melodieinstrument verwendet. Häufig gibt es sogar Mandolinenorchester, bei denen viele Mandolinen eingesetzt werden.

Im Tonbeispiel C4 hört ihr die weltbekannte italienische Melodie *O sole mio*, gespielt von einem Mandolinenorchester. Neben den Mandolinen, die als Melodie- und Begleitinstrumente eingesetzt werden, hört ihr noch ein Akkordeon, eine Gitarre und einen Kontrabass.

Mandoline

Eduardo Di Capua, *O sole mio* (Mandolinenorchester)

C4

Auch in der klassischen Musik wird die Mandoline verwendet.
W. A. Mozart (1756–1791 / 35 J.) setzte z. B. die Mandoline in seiner Oper *Don Giovanni* ein.
Don Giovanni (männliche Hauptrolle) begleitet sich selbst auf der Mandoline, während er seiner Liebsten ein Ständchen singt.

C5 W. A. Mozart, *Don Giovanni, Ständchen* (Mandoline solo) – Ausschnitt

C6 W. A. Mozart, *Don Giovanni, Ständchen* (Original) – Ausschnitt

Die Balalaika

Die **Balalaika** stammt aus Russland, hat nur drei Saiten und wird in sechs verschiedenen Größen gebaut.

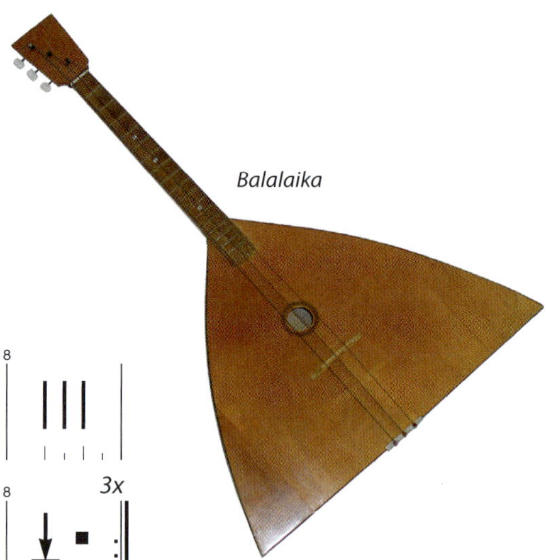

Balalaika

C7 *Orientalischer Tanz* (Orig. russ. Balalaika-Ensemble ‚Wolga')

Spiel-mit-Satz zu *Orientalischer Tanz*

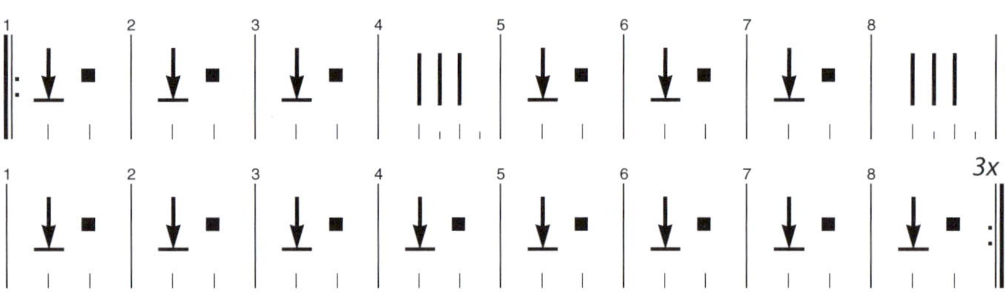

Multimedialer Spiel-mit-Satz

Die Bouzouki

Das charakteristische Instrument der griechischen Volksmusik ist die **Bouzouki**. Sie wird auch beim Sirtaki verwendet.

Bouzouki

C8 M. Theodorakis, *Sirtaki*

Sirtaki

Der **Sirtaki** ist ein griechischer Tanz, der in der Reihe, aber auch in Kreis- und Kettenform getanzt wird. Er beginnt langsam und wird immer schneller. Weltweit bekannt wurde der Sirtaki durch den Film *Zorba the Greek* von Michalis Kakogianis, zu dem der griechische Komponist **Mikis Theodorakis** die Musik schrieb.

Tanzbeschreibung zu *Sirtaki*

Ausgangsstellung

Aufstellung im Frontkreis
mit Schulterfassung

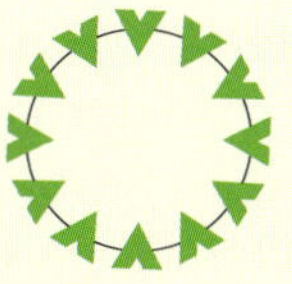

Schrittfolge Teil A
langsam, 9 Takte, 2x

Takt 1
1 re seit
2
3 li unbelastet beistellen
4

Takt 2
1 li seit
2
3 re unbelastet beistellen
4

Takt 3
1 re kreuz vor li
2 li seit
3 re kreuz vor li
4 li anheben („hervorholen")

Takt 4
1 li kreuz vor re
2 re seit
3 li kreuz vor re
4 re anheben („hervorholen")

Takt 5
1 re kreuz vor li
2
3 li kreuz vor re
4

Takt 6
1 re kreuz vor li
2
3 li kreuz vor re (Oberkörper leicht nach vorne beugen, re leicht heben)
4

Takt 7
1 re am Platz
2 li Kick
3 li zurück
4 re Kick

Takt 8
1 re seit
2 li kreuz vor re
3 re am Platz
4 li entlasten und in einer Kreisbewegung

Takt 9
1 li seit
2
3 re unbelastet beistellen
4

Schrittfolge Teil B
schneller werdend, 6 Zählzeiten,
wiederholt bis zum Schluss

1 re seit
2 li kreuz hinter re (dabei leicht in die Knie gehen)
3 re seit
4 li Kreuzkick über re
5 li seit
6 re Kreuzkick über li

Frontkreis mit Schulterfassung

Tanzablauf

↓ Tempowechsel: sehr rasches Tempo

4/4 2 T. Intro	9 T. |: Schrittfolge A :|	58 T. Schrittfolge B (im Kreis)	Schrittfolge B (in der Kette)

Hinweise

Kette: Die Tanzführerin/Der Tanzführer (Lehrerin/Lehrer oder Schülerin/Schüler) löst die Schulterfassung zur/zum rechts Stehenden und zieht mit der Gruppe immer enger werdende Kreise („Schnecke").

Tempowechsel: Es ist günstig, sich einige Zeit auf das neue Tempo mit Wippbewegungen am Stand einzustimmen. Die Tanzführerin/Der Tanzführer beginnt dann mit dem Grundschritt, die Gruppe steigt ein.

Die Gitarre

Die **Gitarre**, deren Korpus (= Resonanzkörper) aus Holz gefertigt wird, ist das gebräuchlichste Zupfinstrument. Sie ist äußerst vielseitig einsetzbar und wird in der Jazz-, Pop-, Volks- und Konzertmusik verwendet. Die **E-Gitarre** (elektrische Gitarre) hat keinen Resonanzkörper, die von den Saiten produzierten Schwingungen werden elektrisch abgenommen (Tonabnehmer) und verstärkt.

Konzertgitarre

E-Gitarre

Konzertgitarre

E-Gitarre

- Schlüpf in die Rolle einer Gitarrenverkäuferin/eines Gitarrenverkäufers, die/der einer Kundin/einem Kunden anhand der obigen Abbildungen den Bau und die Spielhaltung der Konzertgitarre/E-Gitarre näher erklärt!

Das klassische Land der Gitarre ist Spanien. Eine besondere Bedeutung hat in diesem Land der **Flamenco**. Darunter versteht man südspanische, volkstümliche Tänze und Gesänge. Meist gruppieren sich die Gitarrenspielerinnen/Gitarrenspieler und Sängerinnen/Sänger um eine Tänzerin/einen Tänzer oder ein Tanzpaar. Charakteristisch ist das rhythmische Stampfen mit den Füßen, das Spiel mit den Kastagnetten und das Mitklatschen.

C9

Flamenco *El Vito*

Quiz-Box 14

- Harfendarstellungen auf ägyptischen Wandmalereien gibt es seit ca. …
- Welches Zupfinstrument hat bis zu 38 Begleitsaiten?
- In welchem Land ist die Mandoline ein Volksinstrument?
- Welches Zupfinstrument hat nur drei Saiten?
- Aus welchem Material wird eine Gitarre hergestellt?
- Wodurch wird der Ton einer E-Gitarre abgenommen?
- Wie heißt der spanische Nationaltanz?

◆ **Mehr Fragen im MUSIKQUIZ**

Zungenbrecher-Medley 2

Sprecht die folgenden Zungenbrecher, achtet auf deutliche Aussprache und steigert das Tempo!

1. Hinter Hermanns Hannes Haus
   hängen hundert Hemden raus.
2. Strickend stieren sture Stiere
   störend an vier Wirbeltiere.
3. Schnaufend streichelnd scheue Schnecken
   schräg umschleichend schlanke Stecken.
4. Kleine Eimer fein zu leimen
   scheint sich beinah rein zu reimen.
5. Klappern schlank die Klapperschlangen,
   bis die Klappern schlapper klangen.

ZUNGENBRECHER-MEDLEY 2

Melodievorlage und musikalische Ausführung

- einstimmig oder im Kanon
- zusätzlich mit Ostinato

Playback zu *Zungenbrecher-Medley 2* C10

Text: überliefert • Musik: Gerhard Wanker

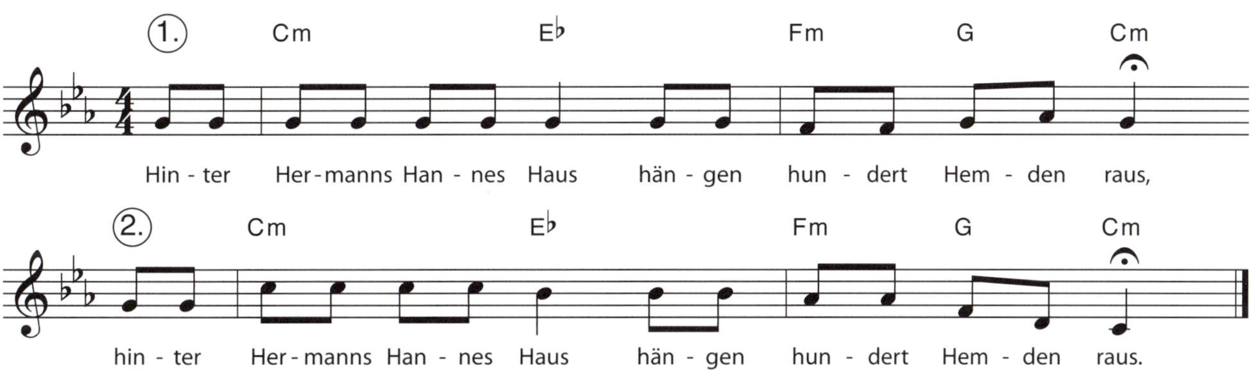

Ostinato (vokal oder instrumental)

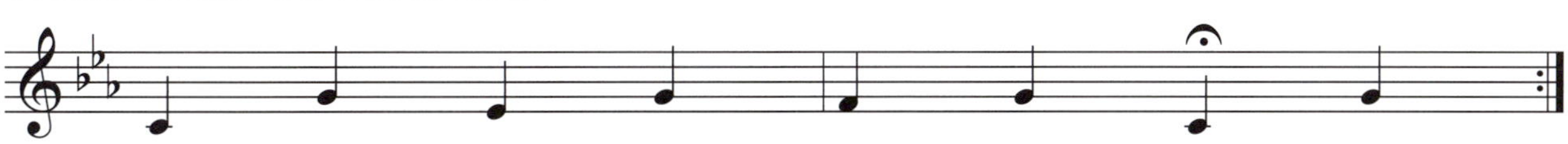

Ausführung als Medley

- Teilung der Klasse in bis zu fünf Gruppen
- Jede Gruppe sucht sich einen der fünf Zungenbrecher aus und passt ihn an die Melodievorlage an.
- Jede Gruppe gestaltet ihren Zungenbrecher:
  a) sprachlich (einzeln, im Kanon, szenisch, Sprechgeschwindigkeit steigern etc.) und/oder
  b) musikalisch (einstimmig/im Kanon singen, mit Vor- und Zwischenspiel).
- Die Übergänge von einer Gruppe zur anderen können mit dem Ostinato gestaltet werden.
- Eine Jury (Schülerinnen/Schüler) kann die Gruppenbeiträge bewerten (Sprechdeutlichkeit, Sprechgeschwindigkeit, Qualität der musikalischen und szenischen Gestaltung).

16 Volksmusik aus Österreich

Waldviertler Baguette

Die *Waldviertler Baguette* wurde im Jahr 1987 von Andres Safer, Musiker der Gruppe **Aniada a Noar**, geschrieben. Der Name des Stücks ist für ein volksmusikalisches Werk ungewöhnlich und hat eine lustige Entstehungsgeschichte: Die Komposition hatte noch keinen Namen, als der Komponist mit Freunden im Waldviertel (NÖ) in einem Gasthaus saß und ein französisches Baguette verzehrte. Da plötzlich war der Titel *Waldviertler Baguette* geboren.

Aniada a Noar

ist eine steirische Musikgruppe, die sich einerseits um die ursprüngliche Spielweise volksmusikalischer Werke bemüht, andererseits mit ihrer Musik auch neue Wege in der Volksmusik beschreitet.
Die Gruppe formierte sich im Jahr 1981 und spielte zunächst Country Music. Weitere musikalische Einflüsse bezogen die Musiker aus der heimischen sowie schottischen und irischen Volksmusik (die *Waldviertler Baguette* ist hierfür ein charakteristisches Beispiel). Kennzeichnend ist die Verwendung des Dudelsacks (siehe Bild), ein Instrument, das in der österreichischen Volksmusik wenig verbreitet ist.

Aniada a Noar

C11

A. Safer, *Waldviertler Baguette*

Der folgende Tanz zur *Waldviertler Baguette* ist ein Reigentanz im 3/4-Takt. Im Gegensatz zu einem Paartanz gibt es beim Reigentanz keine Paare.

Tanzbeschreibung zu *Waldviertler Baguette*

Ausgangsstellung

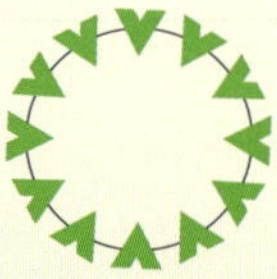

Frontkreis, die Hände sind bei locker herabhängenden Armen gefasst. Pro Viertel jedes Takts wird immer ein Schritt ausgeführt, wobei der erste Schritt jeweils betont wird.

Schrittfolge

Takt 1 auf der Kreisbahn gegen den Uhrzeiger: re vor – li vor – re vor

Takt 2 auf der Kreisbahn gegen den Uhrzeiger: li vor – re vor – li vor

Takt 3 Handfassung lösen, ganze Drehung über rechts (re – li – re)

Takt 4 li kreuz vor re (Gewicht auf dem li Bein) – re am Platz – li belastet beistellen

Takt 5 Hände wieder fassen, re vor (schräg zur Kreismitte, Arme hoch) – li vor – re belastet beistellen, dabei leicht nach li drehen

Takt 6 li zurück (schräg aus dem Kreis, Arme nieder) – re zurück – li belastet beistellen, dabei leicht nach re drehen

Wiederholung der Schrittfolge von Takt 1–6 bis zum Ende des Stücks

WIA REIMT SI DÅS ZUSÅMM'?

Playback zu *Wia reimt si dås zusåmm'?*

C12

Alpenländisches Volkslied

2. Gretl, Milch und Quarglkas,
wia reimt si das zusåmm'?
Da Gretl tua ma wink'n,
die Milch, die tua ma trink'n,
da Quarglkas tuat stink'n,
jå, so reimt sich das zusåmm'!

3. Schule, Sauna, Gewitter,
wia reimt si das zusåmm'?
In da Schul', da muaß ma sitz'n,
in da Sauna tuat ma schwitz'n,
beim Gewitter, da tuat's blitz'n,
jå, so reimt sich das zusåmm'!

Worterklärungen

Goaßbock: Ziegenbock

Quarglkas: stark riechender Käse

Erfindet neue Strophen für dieses Scherzlied und singt sie gemeinsam!

- *Die Lehrerin/der Lehrer spricht die Textzeilen im Rhythmus vor – die Schülerinnen/Schüler sprechen nach. Schließlich wird die gesamte Strophe gemeinsam gesprochen.*

Quiz-Box 16

- Wie nennt man das Blasinstrument, das in der schottischen und irischen Volksmusik von besonderer Bedeutung ist?
- Wie nennt man Tänze, für die die Aufstellung im Kreis ohne Paarbildung charakteristisch ist?

◆ Mehr Fragen im MUSIKQUIZ

17 Suite

Die **Suite** ist in der ursprünglichen Form eine Folge von Tänzen.
Im 16./17. Jahrhundert bildeten vier Tänze das Grundrepertoire:

Allemande	=	deutscher Tanz – Schreittanz
Courante	=	französischer Tanz – Springtanz
Sarabande	=	spanischer Tanz – langsamer Tanz
Gigue	=	englischer Tanz – schneller Tanz

Viele Komponisten schrieben Musik in diesen Tanzformen. Zwischen Sarabande und Gigue platzierte man später sogenannte „Modetänze" der damaligen Zeit wie Menuett, Gavotte, Bourrée, Badinerie, Air und andere.

Tanz in der Barockzeit um ca. 1700

Der Tanz hatte in den Herrschaftshäusern eine große Bedeutung. Höhepunkt jedes Hoffestes war das Ballett, welches vom Adel selbst getanzt wurde. Es sollte neben dem Pferdeballett, das auch vom Adel geritten wurde, dem Ruhm des Herrschers dienen. Besonders prunkvoll waren die Feste in Wien (Schloss Schönbrunn) und Paris (Schloss Versailles). Zur damaligen Zeit tanzten nur ein oder zwei Paare vor dem thronenden König und der restlichen Gesellschaft, um sich dem König zu präsentieren (siehe Bild unten). Gesellschaftliches Ansehen war u. a. mit hervorragenden Tanzkenntnissen eng verbunden. Tanzen wurde neben Reiten und Fechten ab frühester Kindheit gelehrt.

Königlicher Ball auf einer Terrasse

Suite – getanzt

- Wir stellen uns für alle Tänze paarweise im Kreis auf. Alle angegebenen Grundschritte können sowohl in Tanzrichtung (Paare hintereinander) als auch in jede andere Richtung (z. B. Paare zueinander, auseinander) getanzt werden.

Blick in einen Tanzsaal

Allemande

Zweitaktiger Grundschritt:

re li re li (unbelastet beistellen)
li re li re (unbelastet beistellen)

C13

G. F. Händel, Suite in d-Moll, Allemande

Courante

Viertaktiger Grundschritt:

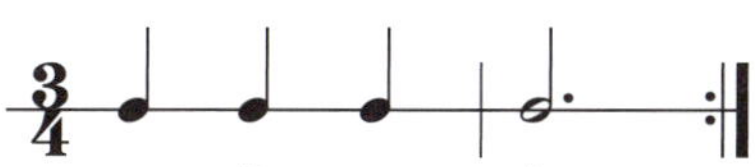

re li re li (Spitze vorne)
li re li re (Spitze vorne)

C14

G. F. Händel, Suite in d-Moll, Courante

Sarabande

Zweitaktiger Grundschritt:

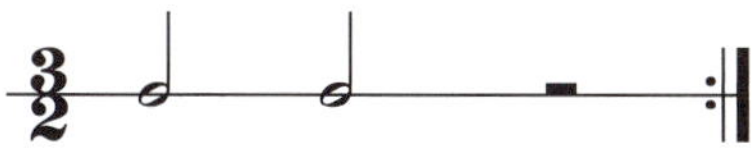

re li (unbelastet beistellen)
Ferse: tief hoch tief
li re (unbelastet beistellen)
Ferse: tief hoch tief

C15

G. F. Händel, Suite in d-Moll, Sarabande

Gigue

Zweitaktiger Grundschritt:

re li re li re
li re li re li
(hupf hupf Wech - sel - schritt)

C16

G. F. Händel, Suite in d-Moll, Gigue

Die Sarabande kann im folgenden Arrangement gestaltet werden:

- als eigenständiges Spielstück mit verschiedenen Instrumenten,
- als Spiel-mit-Stück zum Tonbeispiel C17.
  (Bei dieser Fassung können beliebig viele Stimmen aus der Partitur gespielt werden.)

C17 Playback zu *Sarabande*

Multimedialer Spiel-mit-Satz

SARABANDE

Musik: Georg Friedrich Händel · Arrangement: Gerhard Wanker · © Helbling

Viele Komponistinnen/Komponisten verwendeten die Bezeichnung Suite auch für eine Zusammenstellung verschiedener Stücke, die zwar noch die Bezeichnungen der alten Tänze trugen, aber nicht zum Tanzen gedacht waren.

Ein berühmtes Beispiel dafür ist die Suite Nr. 3 in D-Dur von **Johann Sebastian Bach** (1685–1750 / 65 J.). Die Sätze dieser Suite heißen: Ouvertüre – Air – Gavotte – Bourrée – Gigue.

Netz-Performance zu Bachs *Air*

J. S. Bach, *Air*

C18

Vorgangsweise

- Ca. zehn Schülerinnen/Schüler stellen sich im Kreis auf und strecken die abgewinkelten Arme nach oben.
- Eine/Einer spinnt mit einem dickeren Wollfaden ein Netz, indem sie/er von einer Schülerin/einem Schüler zur/zum anderen geht, ihr/ihm den Faden um einen Finger wickelt und so den Faden spannt. Das Netz ist dann fertig, wenn jede Schülerin/jeder Schüler den Faden in beide Hände bekommen hat. Die „Netzbauerin"/ Der „Netzbauer" lässt sich beim Erstellen des Netzes von der Musik führen.
- Das fertige Netz soll dann zur Musik bewegt werden (hoch, tief, drehen usw.).

Der Name Suite wird aber auch noch für eine Folge von Musikstücken verwendet, die mit den ursprünglichen Tänzen überhaupt nichts mehr zu tun haben. Meist sind es Zusammenstellungen von Musikstücken aus größeren Werken, wie z. B. einem Ballett.

Das folgende Beispiel ist aus dem Ballett *Der Nussknacker* von **P. I. Tschaikowsky** und heißt *Tanz der Rohrflöten*. Dieses Stück wurde mit vielen anderen aus der gesamten Ballettmusik herausgenommen, und ist Teil der *Nussknackersuite*.

Achtet beim Hören auf den solistischen und orchestralen Einsatz der Flöten!

P. I. Tschaikowsky, *Tanz der Rohrflöten* (Flöten solo)
P. I. Tschaikowsky, *Tanz der Rohrflöten* (Orchester)

C19/20

Quiz-Box 17

- Welche vier Tänze bilden das Grundrepertoire einer barocken Suite?
- Aus welchem Land stammt die Sarabande?
- Aus welchem Land stammt die Gigue?
- Nenne zwei Bedeutungen des Begriffs Suite!
- Wer komponierte die *Nussknacker-Suite*?

◆ **Mehr Fragen im MUSIKQUIZ**

18 Schüttelreime

GASSENSONG

C21 Playback zu *Gassensong*

Musik: Gerhard Wanker
Text: überliefert
© Helbling

2. Der kühne Mann vom Reihenhaus
schwimmt wirklich zu den Haien raus.
Beim Zaubern auf dem Fintentisch
spurlos verschwand der Tintenfisch.

3. Hier find ich mit Entzücken Ruh'
und deck' mir Bauch und Rücken zu.
Oft stechen zwar die Mücken dreist,
doch kann man sie zerdrücken meist.

4. wie 1. Strophe, dann Coda

▶ Trainiert bei diesem Text richtiges Sprechen und achtet beim Singen auf deutliche Artikulation!

Der Text des Lieds besteht nur aus Schüttelreimen. Der Schüttelreim ist eine Reimform, bei der die Anfangsbuchstaben der letzten beiden betonten Silben miteinander vertauscht werden.

Beispiele

Ich geh' jetzt in den **B**irken**w**ald,
denn meine Pillen **w**irken **b**ald.

Der Sänger singt am **W**eiher **l**eise,
doch singt er etwas **l**eier**w**eise.

Schüttelreime sind seit dem 13. Jahrhundert bekannt und galten damals als ernst zu nehmende Gedichtform. Seit dem 19. Jahrhundert werden sie vor allem für vergnügliche Zweizeiler verwendet.

▶ Versucht, selbst Schüttelreime zu schreiben, die zur Melodie des Lieds *Gassensong* passen!

Blechblasinstrumente 19

Die heute gebräuchlichsten **Blechblasinstrumente** sind: **Trompete**, **Horn**, **Posaune** und **Tuba**. Darüber hinaus werden in manchen Musikgattungen auch verwendet: **Flügelhorn**, **Tenorhorn**.

▸ Ergänzt das Übersichtsbild, nachdem ihr das Kapitel der Blechblasinstrumente besprochen habt!

Blechblasinstrumente – Übersichtsbild

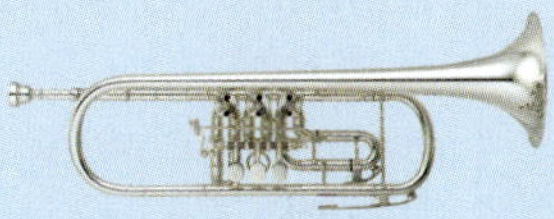

Die Trompete mit

....

wird hauptsächlich im Sinfonieorchester gespielt.

Die Trompete mit

....

wird meist im Jazzorchester verwendet.

Das Flügelhorn hat einen

.... Rohrdurchmesser als die Trompete, was einen weicheren Klang ergibt.

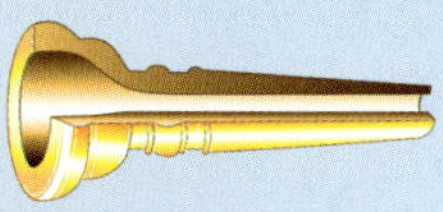

Generell haben die Blechblasinstrumente ein

.... mundstück.

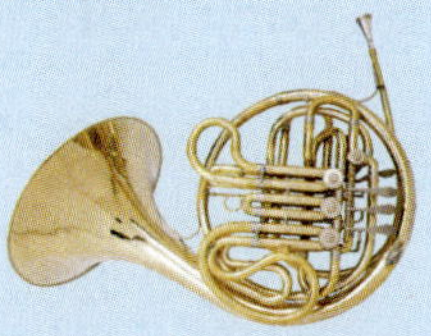

Die Ventile des Horns werden mit der

.... Hand gedrückt.

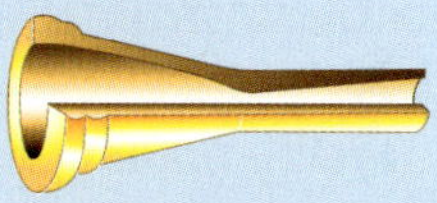

Das Horn hat als einziges der Blechblasinstrumente ein

.... mundstück.

Das Tenorhorn wird vor allem in der

....

verwendet.

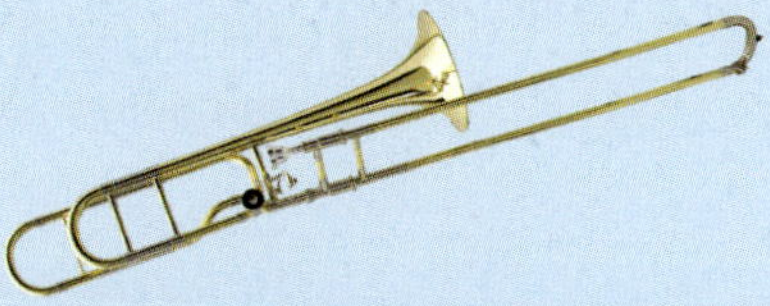

Die Posaune hat keine Ventile, sondern

....

Die Tuba als Bassinstrument gibt es in den Stimmungen

.... und ....

Allgemeine Informationen

Blechblasinstrumente

- werden größtenteils aus Metall-Legierungen wie Messing oder Neusilber hergestellt.
- haben meist Kesselmundstücke. Das Horn hat ein Trichtermundstück.
- sind Instrumente, deren Töne durch unterschiedliche Lippenspannung erzeugt werden.
- sind transponierende Instrumente (Ausnahme: Posaune und Trompete in C). Bei transponierenden Instrumenten erklingt nicht die notierte Tonhöhe. Bei einem Instrument in B zum Beispiel erklingt ein gegriffenes C als B (einen Ganzton tiefer).
- bestehen aus einem Rohr. Für die Erzeugung verschiedener Tonhöhen wird in erster Linie die **Naturtonreihe** verwendet.

Naturtonreihe

Die **Naturtöne** stehen physikalisch in einem bestimmten Verhältnis zueinander (1:2, 2:3, 3:4 usw.). Hohe Töne haben kürzere Wellenlängen als tiefe Töne (doppelt, dreifach so schnell usw.).

Naturtonreihe auf C bis zum 8. Naturton

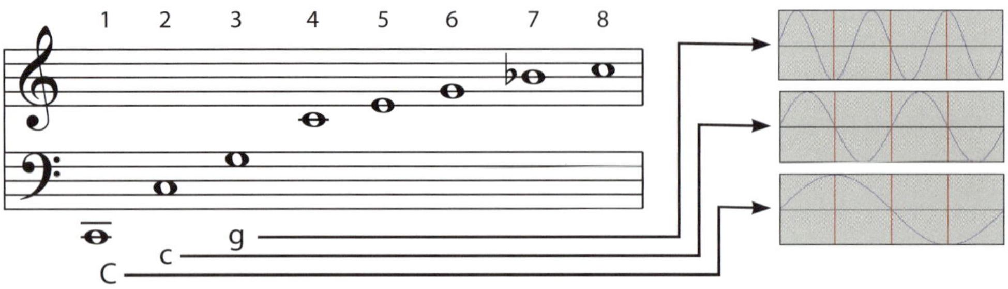

- Mit einem Heulschlauch kannst du die Naturtonreihe ab dem 2. Naturton erzeugen. Je schneller du den Schlauch schwingst, desto höher wird der Ton. Schaffst du es bis zum 7. Naturton?

Bei Blechblasinstrumenten werden die Naturtöne durch die Veränderung der Lippenspannung erzeugt. Töne außerhalb der Naturtonreihe erklingen, wenn man Ventile drückt und dadurch das Rohr des Instruments durch Bögen verlängert.

Heulschlauch

Virtuelle Trompete

Blechblasinstrumente allgemein

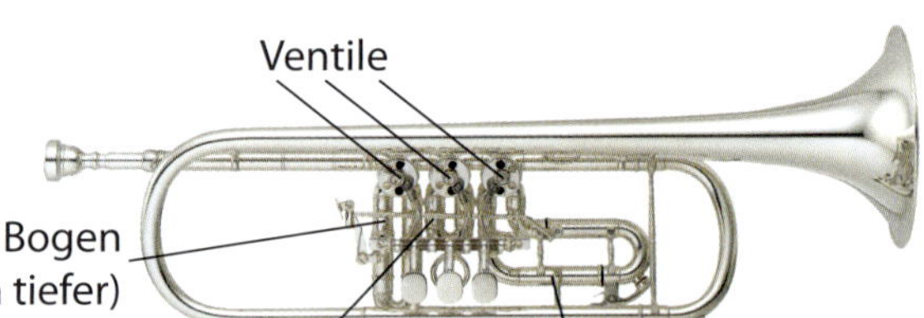

Die Trompete

- Die **Trompete** ist grundsätzlich ein transponierendes Instrument. Es gibt sie in den Stimmungen B, Es und D, aber auch in C (nicht transponierend).
- Trompeten können offen oder mit Dämpfer gespielt werden. Dabei wird nicht nur die Lautstärke, sondern auch der Klangcharakter verändert (siehe Video).
- Die Trompete wird heute mit Drehventilen (Sinfonieorchester) oder Pumpventilen = Perinetventilen (Jazzorchester) gebaut.
- Die Trompete hat eine lange Tradition als Signalinstrument. Auch für die musikalische Umrahmung festlicher und feierlicher Anlässe wird sie seit jeher eingesetzt.

Drehventile

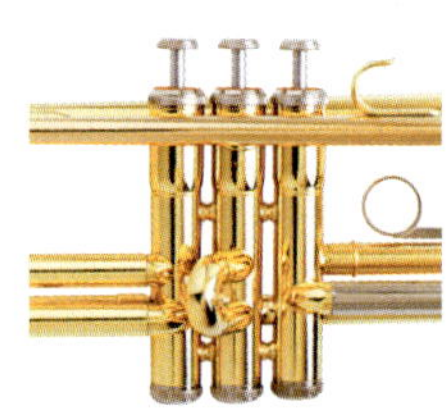

Pumpventile

Vier Trompetenbeispiele

C22

- Im Tonbeispiel C22 ist die Trompete in verschiedenen Bereichen zu hören. Ordne die vier Beispiele richtig zu!

	Blasmusik		Konzertmusik		Signale		Jazzmusik

Das Flügelhorn

Trompete und Flügelhorn

Trompete und Flügelhorn
C23

Das **Flügelhorn** hat ein überwiegend konisches Rohr, das sich zum Schalltrichter hin deutlich erweitert. Der im Vergleich zur Trompete größere Rohrdurchmesser (weite Mensur) ergibt einen weicheren Klang. Das Flügelhorn wird in der Blasmusik und im Jazz als Melodieinstrument eingesetzt.

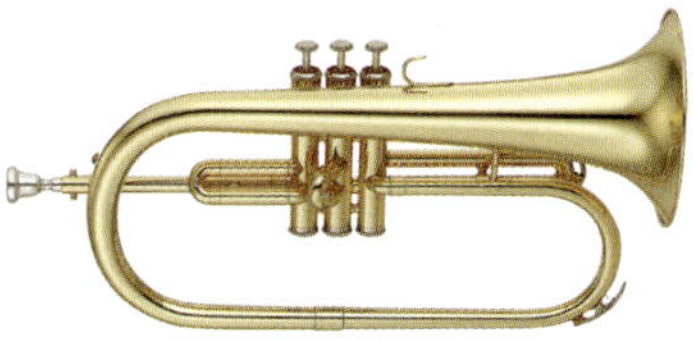

Flügelhorn

Vergleich beim Tonbeispiel C23 die Klangfarben der Trompete und des Flügelhorns!

Das Horn

Horn

Jagdsignal
C24

- Das **Horn** war eines der ersten Blasinstrumente überhaupt. Das Naturhorn (ohne Ventile) wird heute noch bei der Jagd als Signalinstrument eingesetzt.
- Seit der Einführung der Ventile findet das Horn im Sinfonieorchester und in der Kammermusik sowohl in chorischer (mehrfacher) als auch solistischer Besetzung Verwendung.
- Das Horn gibt es in den Stimmungen F und B.
- Spielweise: Die Ventile werden im Unterschied zu den anderen Blechblasinstrumenten mit der linken Hand betätigt, die rechte Hand kann in den Schalltrichter geführt werden (stopfen). Je nach Handhaltung verändern sich dadurch die Klangfarbe und die Tonhöhe.
- Eine häufig gebrauchte Form des Instruments stellt das Doppelhorn dar. Hier kann durch ein Quartventil die Stimmung von F auf B umgeschaltet werden, wodurch die Spielerin/der Spieler einen größeren Tonumfang zur Verfügung hat.

Horn

W. A. Mozart, Hornkonzert Nr. 3 – Romanze

Das Wort **Konzert** hat zwei Bedeutungen:
1. eine öffentliche Musikaufführung
2. eine musikalische Gattung

Unter Konzert als musikalische Gattung versteht man ein meist dreisätziges Musikwerk für einen oder mehrere Instrumentalsolistinnen/-solisten und Orchester.
Das Tempo der Sätze ist meist: schnell – langsam – schnell

W. A. Mozart, Hornkonzert Nr. 3 – Romanze
C25

Hör den zweiten Satz des Hornkonzerts und lies im Notentext auf der nächsten Seite mit!
Die Horn- und die Orchesterstellen sind mit Farbbalken markiert.

W. A. Mozart, Hornkonzert Nr. 3 - Romanze

Multimediale Hörpartitur

Statuen bauen

Das Horn und das Orchester werden jeweils von einer Person dargestellt. Jede Person sitzt zu Beginn auf einem Sessel und fühlt sich wie eine modellierbare Knetmasse. Beide Personen werden von je einer Modellierkünstlerin/einem Modellierkünstler zu einer Statue gestaltet:

Das Horn wird modelliert, wenn es in der Musik zu hören ist, und hält inne, wenn nur das Orchester spielt. Das Orchester wird modelliert, wenn es allein zu hören ist und verharrt, wenn das Horn spielt.

Horn *Orchester*

Spielformen

- Eine Gruppe (vier Schülerinnen/Schüler) führt die Aktion aus, die anderen schauen zu.
- Die Klasse wird in Vierergruppen eingeteilt, jede/jeder ist an der Aktion beteiligt.

Tenorhorn

Das Tenorhorn

John Philip Sousa, *The Washington Post* – Ausschnitt

C26

Das **Tenorhorn** (auch Bassflügelhorn genannt) ist in der Blasmusik ein wichtiges Instrument, im Sinfonieorchester wird es eher selten verwendet.

Tenorhorn

Posaune

Die Posaune

R. Wagner, *Tannhäuser,* Ouvertüre – Ausschnitt

C27

- **Posaunen** haben keine Ventile, sondern Züge. Der Zug ist ein langer „Bogen", mit dem das Rohr verlängert wird, um verschiedene Tonhöhen erzeugen zu können. Mit einer Rohrlänge kann man die Töne der Naturtonreihe erzeugen. Es werden sieben Zugpositionen verwendet, um auch alle anderen Töne spielen zu können.
- Auf der Posaune ist ein Glissando (Schleifton) sehr gut spielbar, weil die Rohrlänge mit dem Zug gleichmäßig und kontinuierlich veränderbar ist.

Posaune

Tuba

Die Tuba

Hector Berlioz, *Fausts Verdammnis* – Ausschnitt

C28

- Die **Tuba** ist das größte und tiefste Instrument (Bassinstrument) unter den Blechblasinstrumenten. Es gibt sie in der F-Stimmung (kleineres Instrument) mit ca. 6 Metern Rohrlänge und in der B-Stimmung (größeres Instrument – Kontrabasstuba) mit ca. 10 Metern Rohrlänge.

Tuba

Quiz-Box 19

- Nenne vier Blechblasinstrumente!
- Ein Instrument, bei dem nicht die notierte Tonhöhe erklingt, nennt man …
- Wie heißt die bei Blechblasinstrumenten mit unterschiedlicher Lippenspannung erzeugbare Reihe von Tönen, wobei keine Ventile gedrückt werden?
- Welches Blechblasinstrument hat ein Trichtermundstück?
- Was ist ein Konzert?
- Wie heißt der „Bogen" bei der Posaune, mit dem man Glissandotöne gut produzieren kann?
- Welches ist das tiefste Blechblasinstrument?

◆ Mehr Fragen im MUSIKQUIZ

20 Oper

Der Begriff **Oper** ist die Bezeichnung für ein musikalisches Drama.

Die ersten Opern wurden um 1600 geschrieben. Seit dieser Zeit wird diese Musikform bis heute gepflegt. Um Opern aufzuführen, mussten eigene Gebäude errichtet werden.

Wichtige Teile in einem Opernhaus

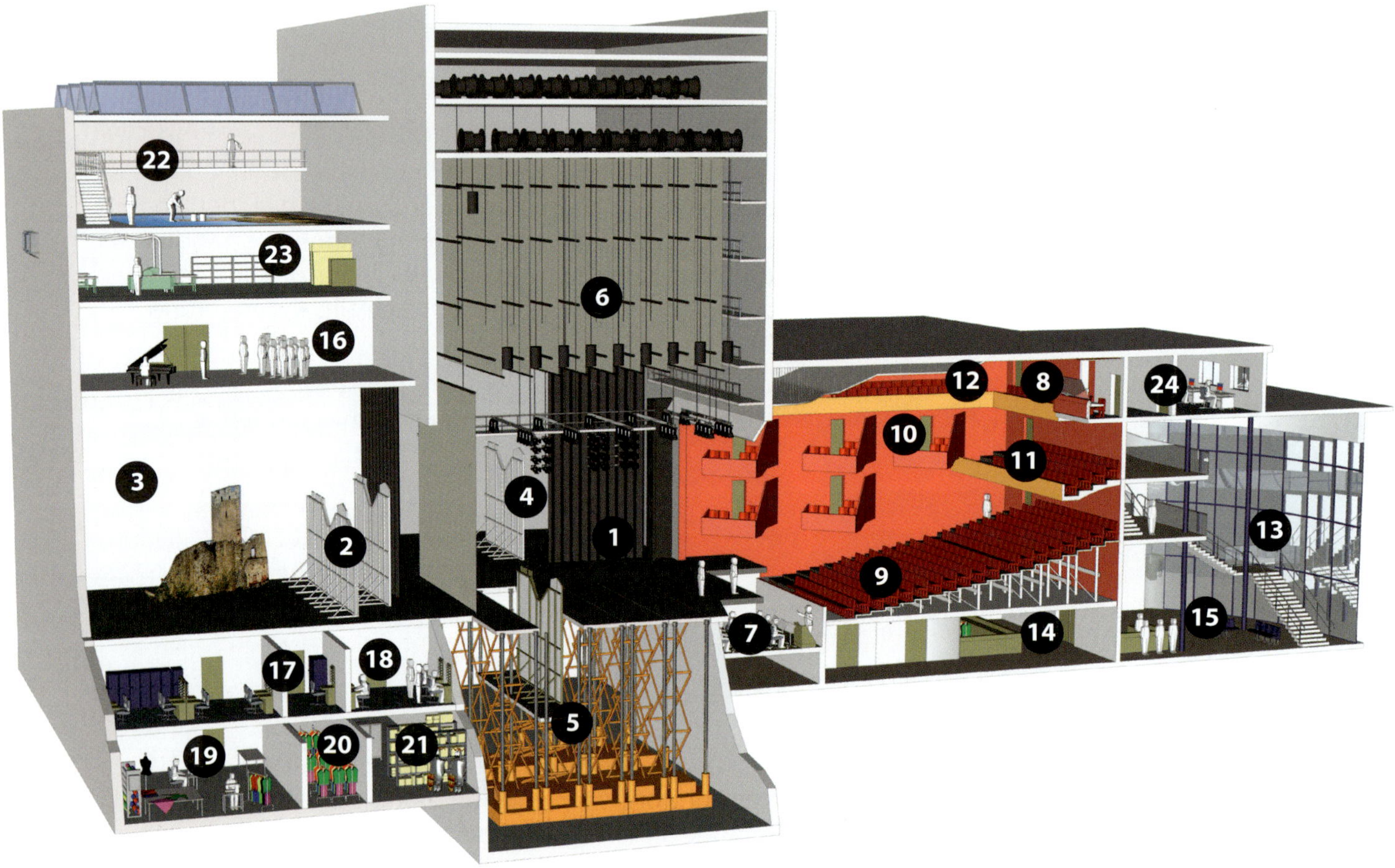

1 Hauptbühne
2 Kulissen
3 Hinterbühne
4 Seitenbühne
5 Unterbühne
6 Schnürboden
7 Orchestergraben
8 Technikraum
9 Parkett
10 Loge
11 Balkon
12 Galerie
13 Foyer
14 Besucher-Garderobe
15 Kasse
16 Probebühne
17 Künstler-Garderoben
18 Maske
19 Schneiderei
20 Kostümfundus
21 Requisitenkammer
22 Malersaal
23 Tischlerei
24 Büro

▶ Präg dir die Teile eines Opernhauses ein! Führ nun deine Sitznachbarin/deinen Sitznachbarn durch ein Opernhaus! Deck die Bezeichnungen ab und versuch, die einzelnen Teile eines Opernhauses nur anhand der grafischen Darstellung zu benennen! Deine Sitznachbarin/dein Sitznachbar überprüft dies, danach erfolgt ein Rollentausch.

Wichtige Berufsbezeichnungen im Betrieb Oper

Berufsbezeichnung	Erklärung
Beleuchtungsmeister(in)	ist für das richtige, meist computergesteuerte Licht verantwortlich
Bühnenarbeiter(innen)	sind für den Auf- und Umbau auf der Bühne verantwortlich
Bühnenbildner(in)	gestaltet das Bühnenbild
Dirigent(in)	leitet eine Aufführung musikalisch und studiert meist die Oper ein
Dramaturg(in)	berät die Theaterleitung in textlichen, musikalischen und theaterwissenschaftlichen Belangen
Intendant(in)	leitet ein Opernhaus, wird auch Operndirektor(in) genannt
Inspizient(in)	ist für den organisatorischen Ablauf einer Vorstellung verantwortlich
Komponist(in)	vertont das Libretto (Textbuch)
Korrepetitor(in)	studiert mit den Sängerinnen/Sängern am Klavier die Oper ein
Librettist(in)	schreibt das Textbuch (Libretto) der Oper
Maskenbildner(in)	gestaltet das Aussehen einer Darstellerin/eines Darstellers
Orchestermusiker(in)	spielt ein Instrument im Opernorchester
Regisseur(in)	ist für die szenische Darstellung (Inszenierung) verantwortlich
Requisiteur(in)	verwaltet die Requisiten (Zubehör, Gegenstände für eine Aufführung)
Sänger(innen)	Darsteller(innen)
Souffleuse/Souffleur	flüstert den Darstellerinnen/Darstellern den Text zu
Tonmeister(in)	ist für die Tonmischung sowie für diverse akustische Einspielungen zuständig
Verwaltungsdirektor(in)	ist für den finanziellen Haushalt eines Theaterbetriebs verantwortlich

Opernkarten-Spiel

- Schneide alle Opernkarten (18 Karten) im Anhang aus! Schreib auf die Vorderseite einer Opernkarte jeweils eine Berufsbezeichnung und auf die Rückseite die dazugehörige Erklärung (siehe oben)!

Opernkarte

Spielform

Aus einem Set beschrifteter Opernkarten wird von der Lehrerin/dem Lehrer oder einer Schülerin/einem Schüler jeweils eine gezogen. Die darauf vermerkte Berufsbezeichnung muss nun eine Schülerin/ein Schüler den anderen, denen die Berufsbezeichnung auf der Karte nicht genannt wird, erklären. Diese müssen auf Grund der Erklärungen die Berufsbezeichnung erkennen. Die Erklärungen können verbal, zeichnerisch oder pantomimisch erfolgen.

Bei einem Wettbewerb in zwei Gruppen können für die Lösung jeder Aufgabe Punkte vergeben werden:

- für eine wörtliche Erklärung, ohne den Begriff zu nennen: 1 Punkt
- für eine zeichnerische Darstellung des Begriffs: 2 Punkte
- für eine pantomimische Darstellung des Begriffs: 3 Punkte

2. *Der Hölle Rache* – Sopranarie

Oper: **_Die Zauberflöte_**

Komponist: **Wolfgang Amadeus Mozart** (1756–1791 / 35 J.)

Uraufführung: **1791, Wien**

Handlung

Die *Zauberflöte* erzählt vom Streit zwischen der Königin der Nacht und Sarastro, dem Hohenpriester des Sonnenreichs. Die Königin der Nacht wählt den Prinzen Tamino zur Befreiung ihrer Tochter Pamina aus, die von Sarastro entführt worden ist. Als sie erfährt, dass Tamino am Sonnenreich Gefallen gefunden hat, fordert sie in der Koloraturarie *Der Hölle Rache* Pamina mit Nachdruck auf, Sarastro zu töten.

Eine **Koloraturarie** ist ein technisch äußerst schwieriges Sologesangsstück, das große stimmliche Virtuosität erfordert.

Königin der Nacht

C31

W. A. Mozart, *Die Zauberflöte, Der Hölle Rache*

Verstoßen sei auf ewig, verlassen sei auf ewig,
zertrümmert sei'n auf ewig alle Bande der Natur.
Verstoßen, verlassen und zertrümmert alle Bande der Natur,
wenn nicht durch dich Sarastro wird erblassen!
Hört, hört, hört, Rachegötter, hört der Mutter Schwur!

3. *Pa- Pa- Pa* – Duett Sopran/Bariton

Oper: **_Die Zauberflöte_**

Komponist: **Wolfgang Amadeus Mozart** (1756–1791 / 35 J.)

Uraufführung: **1791, Wien**

Handlung

Die Königin der Nacht stellt dem Prinzen Tamino zur Befreiung ihrer Tochter Pamina den lustigen Vogelfänger Papageno zur Seite. Zum Schutz vor Gefahren bekommen beide Zauber-Instrumente: Tamino eine Flöte und Papageno ein Glockenspiel. Nach vielen Prüfungen, die Tamino und Pamina bestehen, finden sie zusammen und auch Papageno erhält schließlich eine Frau, seine Papagena. Im folgenden Duett singen Papagena und Papageno von ihrer Zuneigung und träumen von ihren gemeinsamen Kindern.

Ein **Duett** ist ein Gesangsstück für zwei Personen.

Papagena und Papageno

C32

W. A. Mozart, *Die Zauberflöte, Pa- Pa- Pa*

Welche Freude wird das sein, wenn die Götter uns bedenken,
unsrer Liebe Kinder schenken, so liebe kleine Kinderlein.
Erst einen kleinen Papageno. Dann eine kleine Papagena.
Dann wieder einen Papageno. Dann wieder eine Papagena.
Es ist das höchste der Gefühle, wenn viele, viele Pa-pa-pa-pa-pa-pa-geno/gena
der Eltern Segen werden sein.

4. *Summertime* – Song

Oper:
Porgy and Bess

Komponist: **George Gershwin** (1898–1937 / 38 J.)
Uraufführung: **1935, New York**

Informationen

Porgy and Bess gilt als die erste eigenständige Oper Nordamerikas und schildert das afroamerikanische Leben in der Schwarzensiedlung Catfish Row.

Die Hauptpersonen sind der Gehbehinderte Porgy und die leichtlebige Bess. Nach Gershwins Verfügung darf die Oper nur von Schwarzen aufgeführt werden. Das Stück wird als „American Folk Opera" bezeichnet, weil Gershwin viele Elemente amerikanischer Musik wie Spiritual, Blues und Jazz eingebracht hat.

George Gershwin

Szene aus ‚Porgy and Bess'

Einige Melodien aus *Porgy and Bess* wie etwa *Summertime* oder *I got plenty o´nuttin´* sind zu Jazz-Standards geworden und wurden von vielen berühmten Musikerinnnen/Musikern interpretiert.

Mit dem Lied *Summertime* singt Clara (eine Bewohnerin der Catfish Row) ihr Kind in den Schlaf.

Libretto: Textbuch einer Oper

C33/34

G. Gershwin, *Porgy and Bess, Summertime*
Playback zu *Summertime*

Text: Ira Gershwin, DuBose Heyward, Musik: George Gershwin

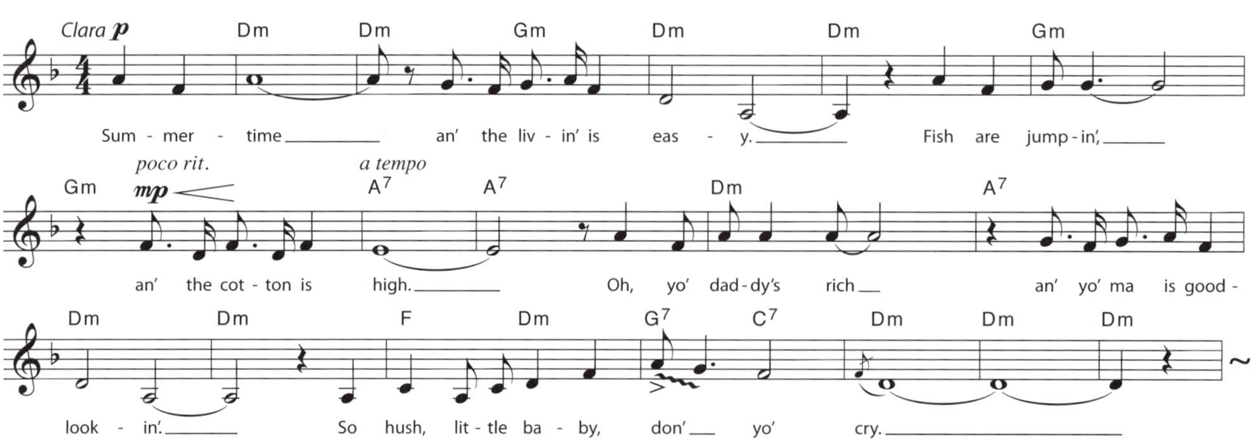

One of these mornin's you're goin' to rise up singin'.
Then you'll spread yo' wings and you'll take the sky.
But till that mornin' there's a nothin' can harm you
with Daddy and Mammy standing by.

Original in h-Moll

5. *Nessun dorma* – Tenorarie

Oper:
Turandot

Komponist: **Giacomo Puccini** (1858–1924 / 65 J.)
Uraufführung: **1926, Mailand**

Handlung

Die grausame chinesische Prinzessin Turandot lässt jeden Brautwerber köpfen, der drei Rätsel nicht lösen kann. Ein unbekannter Prinz (Kalaf) errät jedoch zu ihrer Überraschung die Lösungen.
Turandot will den Prinzen trotzdem nicht zum Gemahl nehmen. Der Prinz bietet einen Ausweg an: Er wird den Freitod wählen, wenn Turandot bis Sonnenaufgang herausfindet, wie er wirklich heißt.
In dieser Nacht ordnet Turandot an, dass keiner schlafen darf, bis der Name des unbekannten Prinzen herausgefunden wird. An dieser Stelle singt Kalaf *Nessun dorma* (*Keiner schlafe*). Der Prinz wirft Turandot zwar ihre Grausamkeit vor, liebt sie aber und sie ihn. Er nennt seinen Namen und beide werden glücklich.

Nessun dorma ist eine der berühmtesten Tenorarien der Opernliteratur.

Kalaf

G. Puccini, *Turandot, Nessun dorma*

C35

Text: Giuseppe Adami, Renato Simoni
Musik: Giacomo Puccini · © Ricordi CO

	Ed il mio bacio scioglierà il silenzio,		*Mein Kuss allein soll dieses Schweigen lösen,*
	che ti fa mia!		*durch das du mein wirst!*
Chor	Il nome suo nessun saprà	*Chor*	*Wenn niemand seinen Namen weiß,*
	e noi dovrem, ahimè, morir, morir.		*dann müssen wir den Tod erleiden!*
Kalaf	Dilegua, o notte! Tramontate, stelle!	*Kalaf*	*Die Nacht entweiche, jeder Stern erbleiche!*
	Tramontate, stelle!		*Jeder Sterne erbleiche,*
	All'alba vincerò! Vincerò! Vincerò!		*damit der Tag ersteh und mit ihm mein Sieg!*

6. *Va pensiero* – Chor

Oper: ***Nabucco***

Komponist: **Giuseppe Verdi** (1813–1901 / 87 J.)

Uraufführung: **1842, Mailand**

Handlung

Der babylonische König Nabucco hat die Hebräer (Juden) besiegt, die ihr Schicksal beklagen. Sie werden zu harter Arbeit gezwungen und denken im Gefangenenchor *Va pensiero* an ihr schönes Heimatland. Schließlich hat Nabucco ein Einsehen und lässt die Hebräer frei.

Der Gefangenenchor aus *Nabucco* ist der meistgesungene Chor der Opernliteratur. Er wird auch oft als selbstständiges Musikstück aufgeführt.

Szene aus ‚Nabucco': Gefangenenchor

C36/37

G. Verdi, *Nabucco, Va pensiero* – Ausschnitt
Playback zu *Va pensiero*

Original in Fis-Dur

Quiz-Box 20

- Wie lautet eine andere Berufsbezeichnung für eine Operndirektorin/einen Operndirektor?
- Wofür ist bei einer Opernproduktion die Regisseurin/der Regisseur zuständig?
- Das Orchestervorspiel einer Oper nennt man …
- Was bedeutet der Begriff Rezitativ in der Musik?
- Wie wird in der Oper ein virtuoses Sologesangsstück mit Instrumentalbegleitung genannt?
- Die Koloraturarie *Der Hölle Rache* wird in der Oper *Die Zauberflöte* von der … gesungen.
- Wie heißt der Song, mit dem Clara in der Oper *Porgy and Bess* ihr Kind in den Schlaf singt?
- Das Textbuch einer Oper trägt den Namen …
- Für welche Stimmlage ist die berühmte Arie *Nessun dorma* aus der Oper *Turandot* geschrieben?
- Wer komponierte die Oper *Nabucco*?

◆ **Mehr Fragen im MUSIKQUIZ**

Puzzlekanon 21

nach einem Traditional
Bearbeitung: Gerhard Wanker

Der *Puzzlekanon* wird aus sechs Puzzleteilen (1, A, B, C, D, E) zusammengestellt.

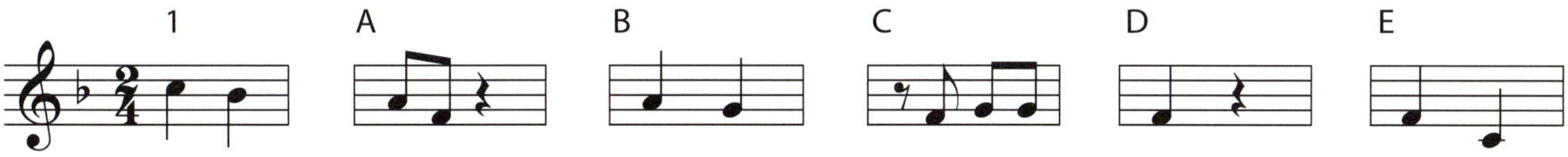

- Singt die sechs Puzzleteile auf Singsilben (na, da …), um sie kennenzulernen! Wiederholt dabei die einzelnen Teile mehrere Male!
Probiert, die Teile A bis E auch in verschiedener Reihenfolge zu singen! (Lehrerin/Lehrer oder Schülerin/Schüler zeigt die Reihenfolge der Felder an.)
- Schneide nun die Puzzleteile A bis E im Anhang aus! Leg sie so hintereinander, dass eine singbare Melodie entsteht!
Probier verschiedene Möglichkeiten aus, entscheide dich dann für eine und kleb sie unten ein!

Lösung zum Einkleben

Puzzlekanon

- Vergleicht eure Ergebnisse und einigt euch auf eine Klassenlösung!
Schreibt diese in die Notenzeile unten, und ihr habt euren Klassen-Puzzlekanon!

Klassen-Puzzlekanon

Playback zu *Puzzlekanon*
C38

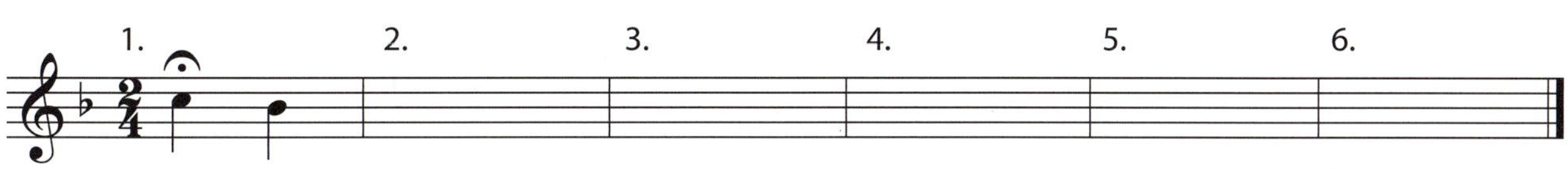

Wenn …

Wo …

Ich …

- Singt den Kanon zuerst auf Singsilben! In jedem Takt ist ein Stimmeneinsatz möglich.
Erfindet dann eigene Texte! Ergänzt die oben angefangenen Textvorschläge oder erfindet eigene!

22 Programmmusik

Unter **Programmmusik** versteht man Musik, mit der versucht wird, außermusikalische Inhalte, wie z. B. Bilder, Texte oder Stimmungen der Natur, musikalisch nachzuzeichnen.

D1–4

Beispiele zu Programmmusik

- Bei den Tonbeispielen D1–4 hörst du Ausschnitte aus programmatischen Werken.
  In der Tabelle unten sind jeweils die Titel der Stücke angegeben. Die Stücke werden nicht in der angegebenen Reihenfolge gespielt.
  Hör jeden Ausschnitt aufmerksam bis zum Schluss! Ordne die vier Tonbeispiele den fünf angegebenen Titeln zu (ein Kästchen bleibt leer) und schreib die richtige Reihenfolge mit Ziffern in die leeren Kästchen!

☐ *Ballett der Küchlein in ihren Eierschalen*

☐ *Der Kobold*

☐ *Spiel der Wellen*

☐ *Gewitter und Sturm*

☐ *Pacific 231* (Lokomotive)

Die Moldau

Im Orchesterwerk *Die Moldau* hat der tschechische Komponist **Friedrich** (tschech. Bedřich) **Smetana** (1824–1884 / 60 J.) den Flusslauf der Moldau musikalisch nachgezeichnet.
Vom Ursprung strömt der Fluss durch Wälder, wandert an menschenbelebten Ufern und Spielplätzen der Nymphen (weibliche Naturgottheiten) vorbei, überspringt die St. Johann-Stromschnellen und fließt dann majestätisch unter der Prager Burg dahin.

Friedrich Smetana

Die Moldau in Prag

Die beiden Quellen

F. Smetana, *Die Moldau, Quellen* – kommentierte Fassung

D5

▶ Hör das Stück in der kommentierten Fassung und achte auf die gesprochenen Erläuterungen!

- 0:00 (Zeit): Aus der ersten Quelle tritt Wasser hervor, erst stockend, dann fließt es plätschernd dahin.
- 0:10: Die Pizzicatoeinwürfe in den Streichern könnten die Steine sein, über die sich das Wasser den Weg bahnt.
- 0:28: Eine zweite Quelle tritt hinzu und lässt den Bach größer werden. Die fließenden Melodien werden von 2 Flöten und einer Klarinette gespielt.
- 0:47: Die Musik wird durch die Mehrstimmigkeit immer dichter.
- 0:54: An dieser Stelle sind die Wellen des Wassers gut hörbar.
- 1:00
- 1:04: Die tiefen Streicher übernehmen die Wellenbewegungen und leiten zum lyrischen Hauptthema in Moll über.
- 1:18: Es wird von den Violinen gespielt.
- 1:42: Hörst du in der Musik, wie der Fluss immer größer und breiter wird?
- 1:55: Hier eine kleine Biegung, das Wasser spritzt mehrmals hoch.
- 2:00
- 2:04: Nach einigen Strudeln beruhigt sich der Fluss wieder
- 2:14: und die Moldau fließt ruhig weiter.
- 2:25

F. Smetana, *Die Moldau, Quellen* – Original

D6

▶ Hör das Stück im Original und ruf dir dabei die Erläuterungen in Erinnerung!

Waldjagd

F. Smetana, *Die Moldau, Waldjagd*

D7

- 0:00 (Zeit)
- 0:04: Trompeten und Hörner blasen zur Jagd.
- 0:18: Die Hektik der Jagd kommt in markanten Bläsereinsätzen und schnellen Dreiklangszerlegungen in den Streichern zum Ausdruck.
- 0:31: Trompeten spielen ein gleichbleibendes rhythmisches Motiv auf einem Ton.
- 0:42: Die Streicher werden mit ihrer Figur immer leiser und enden im Pianissimo.
- 0:55

▶ Produziere selber eine kommentierte Fassung der *Waldjagd*:

- Hör das Tonbeispiel D7 und lies den Text in der Zeitleiste mit!
- Sprich den Text so zur Musik, dass er jeweils bei der Pfeilposition endet!
  Übe einige Male und finde den richtigen Zeitpunkt, wann du zu sprechen beginnst! Markiere diese Stellen in der Zeitleiste!
- Nimm deinen Kommentar zusammen mit der Musik mit einem Aufnahmegerät auf!

Spiel-mit-Satz zu *Bauernhochzeit*

Die *Bauernhochzeit* zeichnet musikalisch mit einer Polka (böhmischer Tanz im 2/4-Takt) eine Dorfhochzeit am Ufer des Flusses nach.

D8 F. Smetana, *Die Moldau, Bauernhochzeit*

Einleitung

Einrichtung: Gerhard Wanker, Bernhard Gritsch

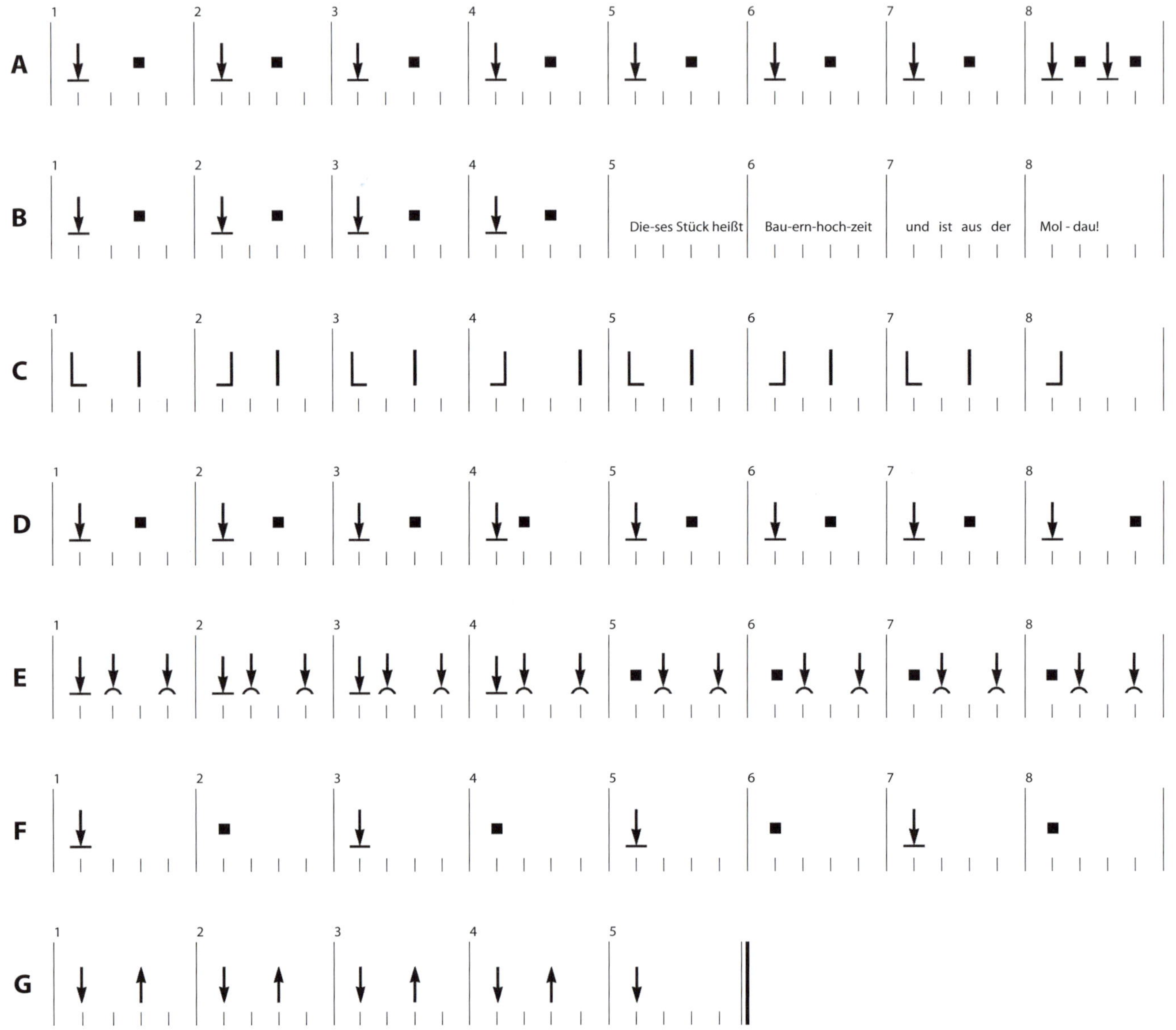

Multimedialer Spiel-mit-Satz

Quiz-Box 22

- Was ist Programmmusik?
- Das Orchesterwerk *Die Moldau* von Friedrich Smetana zeichnet musikalisch einen … nach.

◆ Mehr Fragen im MUSIKQUIZ

Unter dem Begriff **Liedermacherin/Liedermacher** versteht man im deutschen Sprachraum Musikerinnen/Musiker, die über das Lied bestimmte Probleme in unserer Welt aufzeigen. Sie wollen die Zuhörerinnen/Zuhörer zum Nachdenken anregen. Im französischen Sprachraum wird eine Liedermacherin/ein Liedermacher als Chansonnière/Chansonnier, im englischen Sprachraum als Singer-Songwriter bezeichnet.

Text
Die Liedermacherinnen/Liedermacher gehen beim Schreiben ihrer Lieder hauptsächlich vom Text aus und interpretieren sie meist selbst.

▶ Welche Lieder von Liedermacherinnen/Liedermachern kennt ihr? Sprecht über ihre Texte, wobei euch folgende Impulsfelder Anregungen geben sollen:

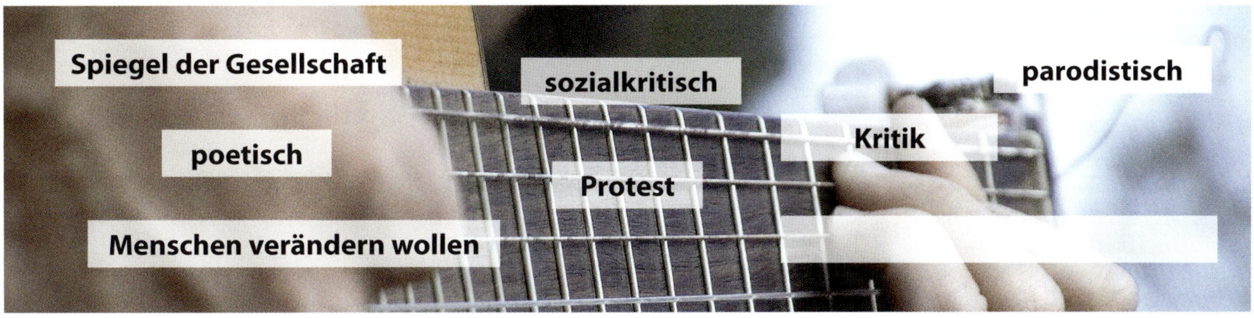

Musik
Die Melodien sind meist gut singbar. Das Arrangement reicht von der einfachen Begleitung mit Gitarre oder Klavier bis zu aufwändigen orchestralen Fassungen, wobei verschiedene Stile der Popmusik verwendet werden können.

PROTEST-KANON

Musik: nach *Hejo, spann den Wagen an*
Text: 1. Str.: mündl. überliefert, 2./3. Str.: Maria Schausberger
© Helbling

Die erste Strophe dieses Protestlieds wurde am 5. Februar 1980 bei einer Demonstration zum Jahrestag der Volksabstimmung gegen Atomkraftwerke in Graz gesungen.

Vielfach wird bei Protestliedern auf einfache und allgemein bekannte Melodien wie z. B. *Hejo, spann den Wagen an* zurückgegriffen, damit möglichst viele Menschen mitsingen können.

▶ Findet Themen und verfasst zur obigen oder einer anderen euch bekannten Melodie ein Protestlied mit eigenem Text!

RAZZIA

Text und Musik: Rainhard Fendrich

D9/10

R. Fendrich, *Razzia*
Playback zu *Razzia*

Gesprochen:
Brütend und gnadenlos liegt die Hitze des Sommers über der Großstadt. Tausende von Parksündern wurden ihrer gerechten Strafe zugeführt. Gesetz und Ordnung haben wieder einmal über das Verbrechen gesiegt. Die untergehende Sonne wirft einen letzten Blick auf die listvoll angebrachten Radarfallen, bevor die Nacht geheimnisvoll ihren Mantel über das Häusermeer stülpt. Schwüle im Kommissariat. Einsam tippt Inspektor Derrisch auf seiner Schreibmaschine. Plötzlich ein Funkspruch:

2. Gustav ans an Gustav zwa, mia machen heut a Razzia.
   Wenn uns das Glück nicht ganz verlässt, zerstör'n wir gar ein Rauschgiftnest.
   Was sich die Jungen heut erlaub'n, des sollt ma wirklich gar net glaub'n.
   Des hätt' es früher all's net geb'n, na de wer'n heute was erleb'n.
   Es g'hört, dass die Gesetzesfaust auf das Gesindel niedersaust.
   Für so was haben wir gottlob ja unseren Elitetrupp.

3. Gustav ans an Gustav zwa, mia machen heut a Razzia.
   Bitte seids a bisserl wiv, weu sonst geht wieder alles schief.
   Der letzte Einsatz war a Flop, mia war'n vielleicht a bisserl grob,
   obwohl wir alles wohl durchdacht, wia das der Kojak immer macht,
   wir hab'n da einen Mann bedrängt, der grad an einer Nadel hängt.
   Mir hab'n geglaubt ein Punker, dabei war's ein Zuckerkranker.
   Chor: Ka Heroin, es war nur Insulin.

4. Gustav ans an Gustav zwa, mia machen heut a Razzia.
Alanich mit Psychologie vernicht ma diese Gfrasta nie.
Weil kommt da ein Student daher, der glaubt, er ist da irgendwer,
dann fliagt er geg'n die Autotür, da kemma leider nix dafür.
Und wird er dann noch rabiat, dann ab auf's Kommissariat.
Dort wird er ordentlich verhört, bis er sich nimmermehr rührt.

5. Gustav zwa an Gustav ans, mia hab'n da eine Diskrepanz.
Was ihr dazöts, des stimmt net ganz, was machts ihr denn mit uns für Tanz.
Mir rasen durch die hoibe Stadt mit einem murztrum Aufgebot –
ihr wisst, bei so was san ma schnell, hundert Mann und kein Befehl.
Doch als wir dort dann angelangt, da wurde nicht herumgepunkt,
wir hab'n den Augen nicht getraut, es war ein Fernseher zu laut.

- *Wir schlüpfen in die Rolle eines Verfolgten und lehnen unseren Rücken und unsere Lenden an eine Wand, die Knie sind leicht gebeugt. Dabei drehen wir den Kopf langsam und locker hin und her, den Oberkörper halten wir ruhig.*
- *Nachdem keine Gefahr mehr droht, verlassen wir die Wand, stellen uns in gerader Haltung auf und lassen auf „whuuu" erschöpft unseren Atem ausströmen.*
- *Nun schnippen wir im 4/4-Takt auf zwei und vier und singen mit lockerem Unterkiefer die ersten vier Takte des Lieds („Gustav ans an Gustav zwa, mia machen heut a Razzia.").*

Welche Angaben passen beim Lied *Razzia* zum Text? Kreuze an und/oder ergänze!

- ☐ parodistisch (komisch)
- ☐ Protestlied
- ☐ Dialekt
- ☐ politisch
- ☐ sozialkritisch
- ☐ ______________
- ☐ ______________
- ☐ ______________

Welche Angaben passen beim Lied *Razzia* zur Musik und zur Interpretation Rainhard Fendrichs? Kreuze an und/oder ergänze!

- ☐ Strophen
- ☐ Tonartwechsel
- ☐ fade out (ausblenden)
- ☐ orchestrale Besetzung
- ☐ Instrumentalsolo
- ☐ Backgroundchor
- ☐ ______________
- ☐ ______________

Videoclip – Razzia

Wir versuchen, das Lied *Razzia* zu illustrieren und aus den Bildern einen Videoclip herzustellen.

Arbeitsvorgang

- Der gesamte Text wird so aufgeteilt, dass jede Schülerin/jeder Schüler einen Teil (z. B. eine Zeile) auf einem DinA4-Blatt zeichnerisch darstellt.
- Die fertigen Zeichnungen können dann, jeweils zur Musik passend, auf Video aufgenommen werden.
- Die Zeichnungen können auch in einer Gang-Galerie in der Schule ausgestellt werden.

DAS HAT DIE WELT NOCH NICHT GESEHEN

D11

Söhne Mannheims, *Das hat die Welt noch nicht gesehen*

Sag mal, hast du das gesehen,
wie sie lachen, wie sie geh'n?
Manche Wesen sind so schön.
Innen wie außen. Sie verwöhnen
deine Sinne und gewöhnen
dich wieder an Liebe, die du kennst,
zu der du immer wieder rennst.
Diese Liebe ist real, so real wie Höllenqualen.
Höllenqualen sind egal,
wenn sich die Liebe dir entfacht.

Doch es ist gut, wie es ist.
Der Mensch lernt nur, wenn er Scheiße frisst,
sonst reift er nicht. Er weiß doch nichts.
Ich weiß noch nicht, wann verstreicht die Frist?

Refrain: Das hat die Welt noch nicht gesehen.
Trotzdem ist Liebe wunderschön,
ist unsichtbar und trotzdem da.
Freud und Leid das ganze Jahr,
man nimmt das Leben sonst nicht wahr.
Denn mit dem Herz sind wir meist blind.
Wer von uns ist schon wie ein Kind?
Offen für alles wie der Wind,
der doch dem Meer den Regen bringt.
Er ist so frei und doch gewillt.

Gib mir einen Koffer für mein Herz,
der ist unendlich viel mehr wert,
wenn du ihn mitnimmst, wenn du gehst,
ihn bei dir trägst von früh bis spät,
ihn dann zurückbringst unversehrt.
Ich lauf des öfteren Gefahr,
zu vergessen, wie schön das Leben bisher war.
Mit dir von Anfang an verflochten
bis ans Ende meiner Zeit.
Wir lieben das Leben und sind dafür bereit.
Denn wir alle werfen Schatten auf des Nächsten Licht.
Lass dich nicht zerbrechen und fürchte dich nicht
vor dem, was da kommt, vor dem, was du fühlst,
vor dem, was du liebst.

Refrain: Das hat die Welt noch nicht gesehen.
Trotzdem ist Liebe wunderschön,
ist unsichtbar und trotzdem da.
Freud und Leid das ganze Jahr,
man nimmt das Leben sonst nicht wahr.
Denn mit dem Herz sind wir meist blind.
Wer von uns ist schon wie ein Kind?
Offen für alles wie der Wind,
der doch dem Meer den Regen bringt.
Er ist so frei und doch gewillt.
Das hat die Welt noch nicht gesehen.

Die Musikgruppe **Söhne Mannheims** wurde 1995 in Mannheim (Deutschland) gegründet. Die vier Sänger dieses Songs sind auch gemeinsam die Komponisten und Textautoren. Zum Inhalt des Lieds sagt Xavier Naidoo, einer der Sänger, in einem Fernsehinterview:

„Das ist eine Ballade und es geht um die Liebe, die ja eigentlich etwas Unsichtbares, also ein Gefühl ist, etwas, das man nicht unbedingt immer beschreiben kann, das man nicht sieht, das man nicht schmeckt, manchmal aber doch […]
Im Endeffekt spiegelt jeder in seinen Text ein bisschen das hinein, was für ihn damit zusammenhängt."

Xavier Naidoo (Mitte)

Texte guter Lieder leben von sprachlichen Bildern, auch Metaphern genannt, die die Zuhörenden individuell verschieden deuten können. Interessante sprachliche Bilder sind im Text des Lieds oben farbig unterlegt.

- Versucht, sie zunächst für euch selbst zu interpretieren und diskutiert dann darüber in der Klasse! Sucht auch noch weitere Textstellen, über die ihr euch austauschen könnt!

Die Söhne Mannheims

Das hat die Welt noch nicht gesehen wurde von den Söhnen Mannheims erstmals im Jahr 2008 beim Konzert *Wettsingen in Schwetzingen* (Deutschland) vorgestellt, bei dem Xavier Naidoo auch als Solokünstler auftrat.
Dieses Konzert fand im Rahmen von MTV Unplugged statt, einer Konzertreihe, die vom Fernsehsender MTV (Music Television) ins Leben gerufen wurde. MTV ist ein Fernsehnetzwerk, das sich auf die Ausstrahlung von Musikvideos spezialisiert hat.

Bei MTV Unplugged dürfen bekannte Interpretinnen/Interpreten der Pop- und Rockmusik nur mit akustischen Instrumenten (unplugged = ausgesteckt) auftreten und müssen zumindest eine Coverversion (Neuinterpretation eines Lieds) zur Aufführung bringen. Bei diesem Konzert interpretierten die Söhne Mannheims das Lied *Ich wollte wie Orpheus singen* des deutschen Liedermachers Reinhard Mey (geb. 1942).

Das Live-Album *Wettsingen in Schwetzingen* und die Single *Das hat die Welt noch nicht gesehen* waren in den Hitparaden Deutschlands und Österreichs mit einigen Top-Plätzen überaus erfolgreich.
Das Album erhielt im Jahr 2008 in Österreich eine Goldene Schallplatte, in Deutschland eine Goldene Schallplatte und eine Platin-Schallplatte. Das Musikvideo erzielte in Deutschland 2009 drei Mal Gold.

Goldene Schallplatten und Platin-Schallplatten

Goldene Schallplatte

Eine Goldene Schallplatte oder Platin-Schallplatte ist eine Auszeichnung der Musikindustrie für künstlerisch und wirtschaftlich erfolgreiche Musikproduktionen, die an Künstlerinnen/Künstler, Komponistinnen/Komponisten, Songwriter und Musikerinnen/Musiker vergeben wird. Von wesentlicher Bedeutung ist die Anzahl verkaufter Singles, Alben oder Musikvideos, wobei alle Formate (CD, LP, DVD-Audio, SACD, Downloads, DVD-Video, etc.) berücksichtigt werden.

Die Anzahl der verkauften Tonträger und Bildtonträger, die zu einer Auszeichnung führt, ist ist in jedem Land unterschiedlich:

		Gold	Platin
Österreich	Single	15.000	30.000
	Album	10.000	20.000
	Musikvideo	5.000	10.000
Deutschland	Single	150.000	300.000
	Album	100.000	200.000
	Musikvideo	25.000	50.000

- Versucht, in den Datenbanken der Musikindustrie in Deutschland (www.musikindustrie.de) und Österreich (www.ifpi.at) die Auszeichnungen mit Goldenen und Platin-Schallplatten für aktuelle Lieder herauszufinden und tauscht eure Ergebnisse in der Klasse aus!

KOMETEN

D12

Playback zu *Kometen*

Text: Manfred Koch
Musik: Gerhard Wanker
© Manfred Koch, Gerhard Wanker

* Metro Goldwyn Mayer: US-amerikanische Filmproduktionsfirma

2. Vulkane spei'n, die Erde bebt,
man sitzt im Kino und erlebt
den Untergang der Welt.
New York trifft ein Asteroid,
das Meer verdampft, die Erde glüht –
das bringt das große Geld!

3. Der Nervenkitzel ist so schön,
schau'n wir uns zu beim Untergeh'n,
den Spaß muss man sich geben!
Wie schön ist der finale Crash,
wir machen mit ihm kräftig Cash –
man muss ja von was leben!

4. Die große Lust am Untergang,
die dauert vielleicht nicht mehr lang,
geht uns're Welt in d'Binsen.
Wenn sie erst wirklich explodiert,
dann freut sich Gott, denn er kassiert
uns alle ein – samt Zinsen.

Kometen galten seit jeher als Unglücksbringer und versetzten Menschen oft in Angst und Schrecken. In der Posse *Der böse Geist Lumpazivagabundus* von **Johann Nestroy** (1801–1862 / 60 J.) wird das berühmte *Kometenlied* gesungen, in dem der Verfall der Welt beklagt und der Weltuntergang durch einen Kometen vorausgesagt wird. Der Refrain lautet: „Die Welt steht auf kein' Fall mehr lang."

Angst und Schrecken bringen aber oft auch Nervenkitzel. Und damit lassen sich hervorragend Geschäfte machen – beispielsweise mit Hollywood-Filmen, in denen die Horrorvisionen einer Zerstörung der Welt durch Riesenkometen actionreich und spektakulär in Szene gesetzt werden. *Deep Impact*, einer dieser Weltuntergangs-Schocker aus dem Jahr 1998, hat den Textautor auf die Idee gebracht, das gesellschaftskritische Lied *Kometen* zu schreiben. Sein Thema ist die absurde Kombination von Angst, Untergang und deren „Vermarktung".

▶ Versucht, anhand von Textpassagen herauszufinden, welche Erscheinungen der heutigen Zeit der Autor als Kometen versteht! Überlegt dabei auch, was ihr zur Erhaltung der Welt beitragen könnt und diskutiert darüber!

Liedermacher-Olympiade

- Bringt eigene Musikstücke mit, die ihr bewertet!

Verwendet für die Auswertung die Jury-Tabelle!
Neben den vorgegebenen Bewertungskriterien könnt ihr noch andere in die freien Spalten eintragen.

Punktevergabe für jedes Beispiel: 1–5 Punkte
(Das Beispiel mit der höchsten Gesamtpunktezahl ist Sieger.)

Jury-Tabelle										
Bsp.	Titel des Stücks	Text	Musik	Arrangement	Interpretation			Gesamtpunkte	Platzierung	Notizen
1										
2										
3										
4										
5										
6										
7										
8										
9										
10										

Quiz-Box 23

- Wie nennt man jemanden, der durch seine Lieder Menschen zum Nachdenken anregen will?
- Texte guter Lieder zeichnen sich u. a. durch die Verwendung interessanter sprachlicher Bilder aus. Wie nennt man diese mit dem Fachausdruck?
- Wie viele Singles müssen in Österreich für den Erhalt einer Platin-Schallplatte verkauft werden?
- Wie viele Alben müssen in Österreich für den Erhalt einer Goldenen Schallplatte verkauft werden?

◆ Mehr Fragen im MUSIKQUIZ

24 Holzblasinstrumente

Nach der Art der Tonerzeugung unterscheidet man:

- **Lippenpfeifen:** Blockflöte, Querflöte

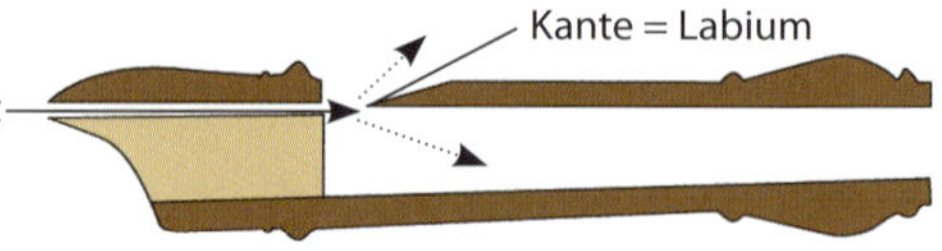

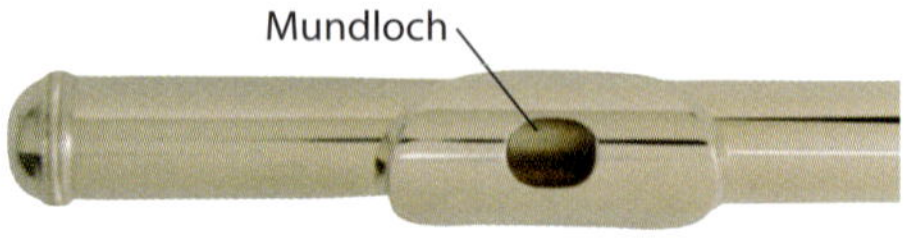

Bei der Blockflöte entsteht der Ton dadurch, dass ein Luftstrom durch einen schmalen Spalt gegen eine Kante, das Labium, geblasen wird. Bei der Querflöte wird der Luftstrom gegen die Kante des Mundlochs geblasen. Dabei bricht sich der Luftstrom und beginnt im Inneren des Instruments zu pendeln, wodurch die Luftsäule in Schwingung gebracht wird.

Flaschenkonzert

▶ Blast über die Kante einer Flaschenöffnung und probiert aus, wie Lippenpfeifen funktionieren! Durch Einfügen von Flüssigkeit verändert sich die Tonhöhe der Flasche. Mit verschieden gestimmten Flaschen könnt ihr auch Melodien spielen.

- **Zungenpfeifen – einfaches Rohrblatt:** Klarinette, Saxofon

Am Mundstück dieser Instrumente befindet sich ein einseitig befestigtes Plättchen aus flexiblem Material, das von einem Luftstrom zum Schwingen gebracht wird.

Einfaches Rohrblatt

- **Zungenpfeifen – doppeltes Rohrblatt:** Oboe, Fagott

Das Mundstück dieser Instrumente besteht aus einem Doppelrohr, das beim Anblasen in Schwingung versetzt wird.

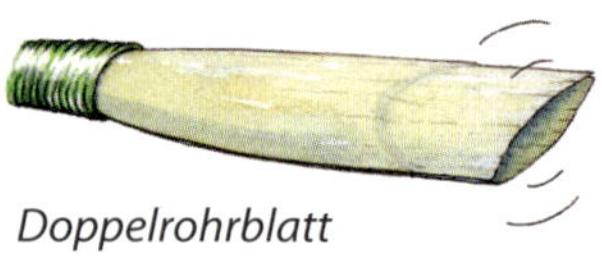

Doppelrohrblatt

Holzblasinstrumente – Tonerzeugung

Instrumente mit Lippenpfeifen

Die Blockflöte

Die **Blockflöte** war in der Barockzeit (ca. 1600–1750) ein beliebtes Melodieinstrument. Auch heute wird die Blockflöte in der zeitgenössischen Kunstmusik wieder häufig verwendet, wobei besonders auch neue, ungewöhnliche Spieltechniken zum Einsatz kommen.

Die Familie der Blockflöten besteht aus folgenden Instrumenten: Sopranino, Sopran, Alt, Tenor, Bass und Großbass.

In den folgenden zwei Tonbeispielen hörst du, wie die Blockflöte in der Barock- und zeitgenössischen Musik eingesetzt wird.

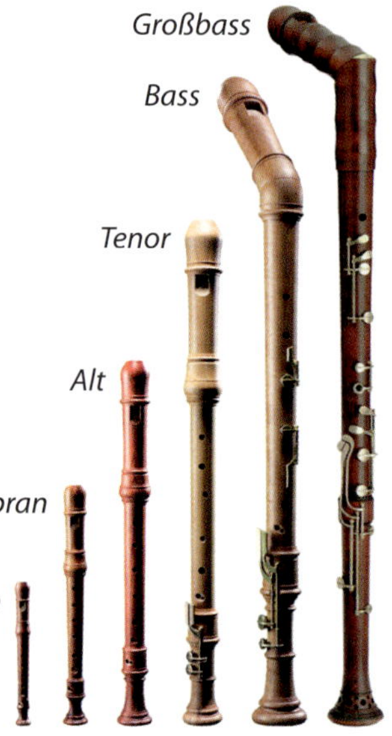

Blockflöten-Familie

D13/14

J. S. Bach, Partita c-Moll, Allemande – Beginn (Altblockflöte)
Agnes Dorwarth, *Articulator 1* – Beginn (Altblockflöte)

Blockflöten

Die Querflöte

Querflöten

Claude Debussy, *Prélude à l´après-midi d´un faune* (Querflöte) – Ausschnitt

D15

Um 1750 wurde die Blockflöte von der **Querflöte** verdrängt. Sie ist bis heute ein bedeutendes Solo- und Orchesterinstrument und wird auch im Jazz und in der Rockmusik eingesetzt.

Die kleinere und um eine Oktav höher klingende Querflöte nennt man **Piccoloflöte**. Sie ist das höchste Holzblasinstrument.

Die Querflöte wurde ursprünglich aus Holz gebaut. Seit ca. 1870 werden Querflöten aus Metall (z. B. Weißgold, Silber) hergestellt, zählen aber trotzdem zu den Holzblasinstrumenten, weil die Tonerzeugung die einer Lippenpfeife ist.

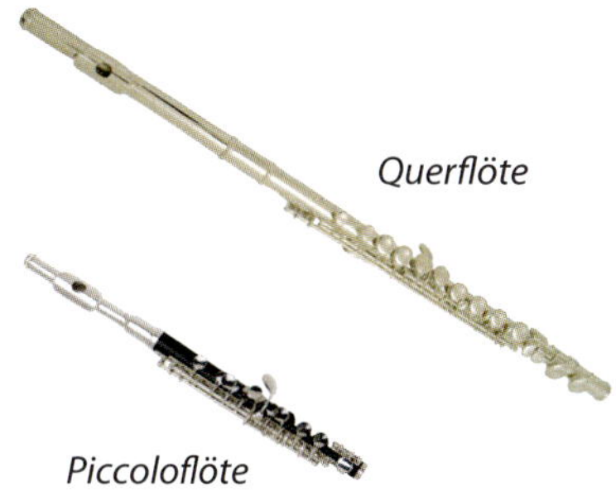

Querflöte

Piccoloflöte

Sergej Prokofjew, *Leutnant Kishe* (Piccolo) – Ausschnitt

D16

Badinerie – dirigiert

Die *Badinerie* ist ein virtuoses Stück für die Querflöte und stammt aus der Orchestersuite Nr. 2 in h-Moll von **Johann Sebastian Bach** (1685–1750 / 65 J.).

J. S. Bach, *Badinerie*

D17

- Dirigiert bei den Zeilen B, C, E und F, bei den Zeilen A und D zählt leise mit!

Formplan

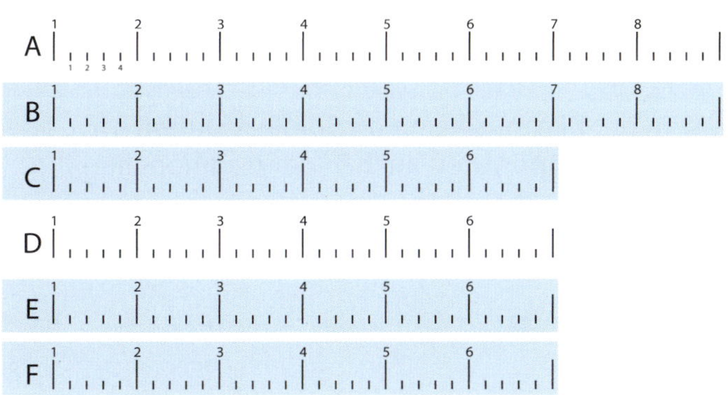

Instrumente mit einfachem Rohrblatt

Die Klarinette

N. Rimski-Korsakow, *Der goldene Hahn* (Klarinette) – Ausschnitt

D18

Klarinette

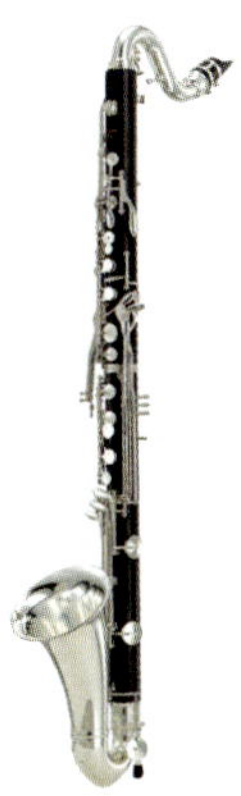

Bassklarinette

Die **Klarinette** ist üblicherweise ein transponierendes Instrument. Die gebräuchlichste ist die B-Klarinette. Weitere Klarinetteninstrumente: Es-Klarinette, C-Klarinette, A-Klarinette, Bassklarinette.

Igor Strawinsky, *Le sacre du printemps* (Bassklarinette) – Ausschnitt

D19

Klarinette

Das Saxofon

Der belgische Instrumentenbauer **Adolphe Sax** hat das von ihm erfundene Instrument 1846 in Paris als **Saxofon** patentieren lassen.

Es ist ein transponierendes Instrument in mehreren Größen:
Sopransaxofon (B), Altsaxofon (Es), Tenorsaxofon (B), Baritonsaxofon (Es).

D20 Beispiele Saxofon klassisch (S., A., T., Brt.)

Sopransaxofon

Altsaxofon

Tenorsaxofon

Baritonsaxofon

D21 Charlie Parker, *The hymn* (Saxofon Jazz) – Beginn

Saxofon

Das Saxofon wird hauptsächlich in der Big Band, in der Blasmusik und als Soloinstrument im Jazz verwendet. Mitunter setzen es Komponistinnen/Komponisten auch in der traditionellen Konzertmusik ein.

Das Saxofon hat die gleiche Anblastechnik wie die Klarinette und zählt deshalb, obwohl es aus Metall besteht, zu den Holzblasinstrumenten.

Instrumente mit doppeltem Rohrblatt

Die Oboe

D22 J. S. Bach, *Brandenburgisches Konzert* Nr. 2, 2. Satz (Oboe) – Ausschnitt

Der Klang der **Oboe** ist sehr ausdrucksstark und deutlich hörbar. Die Oboe gibt beim Stimmen des Orchesters immer den Ton a^1 (Kammerton) vor, nach dem alle Instrumente eingestimmt werden.

Das **Englischhorn** ist das Alt-Instrument aus der Familie der Oboen und hat einen festen Platz im Sinfonieorchester. Es klingt um eine Quint tiefer als die Oboe und hat einen warmen und weichen Klang.

Oboe

Englischhorn

D23 Antonín Dvořák, Sinfonie *Aus der neuen Welt*, 2. Satz (Englischhorn) – Ausschnitt

Oboe, Englischhorn

Das Fagott

Das **Fagott** wird hauptsächlich als Bassinstrument verwendet. Seine gesamte Rohrlänge beträgt fast drei Meter. Das Fagott ist in erster Linie ein Orchesterinstrument. Sein vielseitiger Klang veranlasste Komponistinnen/Komponisten aber auch dazu, es solistisch für ganz unterschiedliche Charaktere, Musikstile und -arten einzusetzen.

Das **Kontrafagott** ist das tiefste Holzblasinstrument. Die Röhre ist bis zu vier Mal geknickt und die schwingende Luftsäule ist ca. sechs Meter lang.

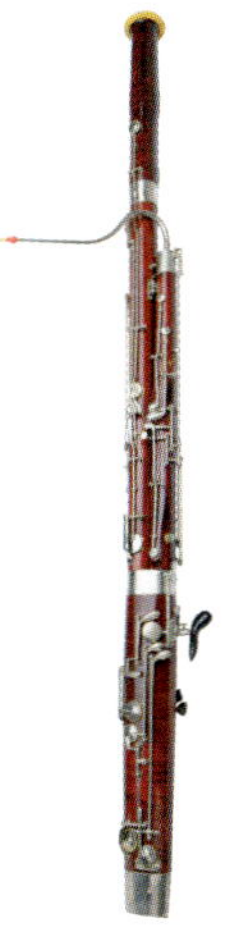

Fagott

Kontrafagott

- Versuch, die Klangvielfalt des Fagotts und Kontrafagotts mit Worten zu beschreiben! Vergleicht eure Ergebnisse in der Klasse!

Kontrafagottist

Paul Dukas, *Der Zauberlehrling* (Fagott) – Ausschnitt

D24

M. Ravel, *La Valse* (Kontrafagott) – Ausschnitt

D25

Fagott, Kontrafagott

Instrumentenquiz – Holzblasinstrumente

- In welcher Reihenfolge erklingen im Tonbeispiel D26 die Instrumente? Schreib die richtige Zahl vor das jeweilige Instrument!

Instrumentenquiz – Holzblasinstrumente

D26

	Sopransaxofon		Oboe		Blockflöte		Fagott		Klarinette
	Baritonsaxofon		Englischhorn		Querflöte		Kontrafagott		Bassklarinette

Quiz-Box 24

- Blockflöte und Querflöte zählen zu den …pfeifen.
- Um wie viele Oktaven ist die Piccoloflöte höher gestimmt als die Querflöte?
- Die Querflöte zählt zu den Holzblasinstrumenten. Aus welchem Material wird sie heute aber üblicherweise gebaut?
- Wer komponierte die berühmte *Badinerie* aus der Orchestersuite Nr. 2 in h-Moll?
- Die Klarinette ist ein Holzblasinstrument mit einem … Rohrblatt.
- Wie heißt der Erfinder des Saxofons?
- Wie heißt der Ton, den die Oboe im Orchester angibt und nach dem alle Instrumente eingestimmt werden?
- Das Alt-Instrument unter den Oboen heißt …
- Wie viele Meter beträgt die gesamte Rohrlänge des Fagotts in etwa?

◆ Mehr Fragen im MUSIKQUIZ

25 Rock 'n' Roll

Der **Rock 'n' Roll** ist eine Musikrichtung, die in den 1950er-Jahren in Amerika entstand. Sie ist eine Verschmelzung des Rhythm&Blues der Schwarzen und der Country&Western Music der Weißen.

Bill Haley (1927–1981 / 54 J.) leitete mit seiner Gruppe *The Comets* im Jahr 1955 mit dem Titel *Rock around the clock* die große Rock-'n'-Roll-Welle ein, deren Musik bis heute noch aktuell ist.

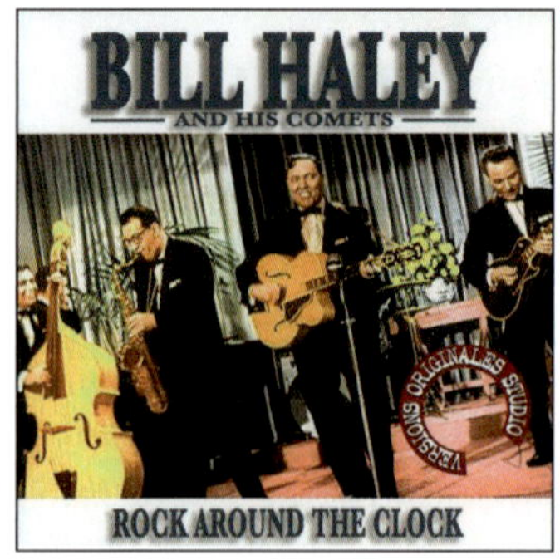

Cover einer CD von Bill Haley

◆ Rock around the clock

Der Titel *Rock around the clock* war eine Coverversion (Neueinspielung) eines schwarzen Hits von Johnny Dae und fand nur geringe Beachtung. Erst als diese Nummer ein Jahr später als Titel-Song des Halbstarken-Films *Blackboard Jungle* (dt. *Die Saat der Gewalt*) in den Kinos erklang, wurde sie zur Hymne der Teenager-Revolution. Frustrierte, aggressionslustige Jugendliche zertrümmerten Kinos, nachdem sie den Film gesehen hatten, und demolierten die Konzerthallen, in denen Bill Haley mit seinen *Comets* auftrat.

▶ Gibt es heute auch Zustände in unserer Gesellschaft, mit denen Jugendliche nicht zufrieden sind und gegen die sie protestieren? Ist die Musik auch heute noch ein Medium, um Probleme zu transportieren? Klärt eure Standpunkte im gemeinsamen Gespräch!

ROCK AROUND THE CLOCK

B. Haley, *Rock around the clock*
Playback zu *Rock around the clock*
D27/28

Text und Musik:
Max C. Freedmann, Jimmy de Knight
© by Eduard Kassner, New York
Für Österreich: Winkler&Harm OHG, Innsbruck

2. When the clock strikes two and three and four,
 if the band slows down we'll yell for more.
 We're gonna rock …
3. When the chimes ring five and six and seven,
 we'll be rockin' up in the seventh heaven.
 We're gonna rock …
4. When it's eight, nine, ten, eleven too,
 I'll be goin' strong and so will you.
 We're gonna rock …
5. When the clock strikes twelve we'll cool off then,
 start a rockin' round the clock again.
 We're gonna rock …

- *Wir stellen uns paarweise gegenüber auf, reichen uns die Hände, neigen den Oberkörper leicht nach hinten und hüpfen mit Rock-'n'-Roll-Schritten zu zwei Strophen des Tonbeispiels D27:*
 Rock-'n'-Roll-Grundschritt für einen Takt: *1. Viertel: li Bein hüpft am Platz, re Fuß Kick nach vor*
 2. Viertel: beidbeinig am Platz hüpfen
 3. Viertel: re Bein hüpft am Platz, li Fuß Kick nach vor
 4. Viertel: beidbeinig am Platz hüpfen
- *Nun lassen wir mit vorgeneigtem Oberkörper erschöpft unseren Atem ausströmen („whuuu"), Arme und Kopf baumeln locker nach unten. Wir beruhigen unseren Atemrhythmus durch das Einhalten einer Pause nach dem Ausatmen. Anschließend atmen wir langsam und gleichmäßig durch die Nase ein, lassen den Atem wieder ausströmen, warten auf den Lufthunger, atmen ein usw.*
- *Wir richten Kopf und Oberkörper langsam auf, stehen in gerader Haltung und singen das Intro. Den Text sprechen wir deutlich aus!*

Spiel-mit-Satz zu *Rock around the clock*

Form Tonbeispiel D27

Intro	1. Chorus	2. Chorus	3. Chorus	4. Chorus	5. Chorus	6. Chorus	7. Chorus	Ending
	1. Strophe	2. Strophe	Instrumental-Chorus A (Gitarrensolo)	3. Strophe	4. Strophe	Instrumental-Chorus B (Bläserriff)	5. Strophe	

Intro	Singen	One, two, three o´clock …
1. u. 2. Chorus	Klatschen/Sprechen im Rhythmus:	Dab dab dab da___
3. Chorus	Schnippen auf zwei und vier	
4. u. 5. Chorus	Klatschen/Sprechen im Rhythmus:	Dab dab dab da___
6. Chorus	Mitsingen der Saxofonstimme:	Dab dab dab dab_ dab da da ba dab
7. Chorus	Schnippen auf zwei und vier	
Ending	Freie Gestaltung	

◆ King of Rock 'n' Roll

Zur ersten Generation des Rock 'n' Roll zählten **Chuck Berry** (* 1931), **Little Richard** (* 1935), **Jerry Lee Lewis** (*1935) und der König des Rock 'n' Roll, **Elvis Presley** (1935–1977 / 42 J.).

Elvis Presley verkörperte als Held der Durchschnittsamerikaner den Mythos eines Rockers. Er war aggressiv, aber auch sinnlich. Seine Lieder peitschten das Publikum auf, konnten es aber auch zum Weinen bringen. Elvis hatte sich vom einfachen Polizisten zum Megastar emporgearbeitet. Nicht nur seine Songs, sondern auch sein hemmungsloses Agieren bei seinen Auftritten brachten ihm einen noch nie dagewesenen Erfolg, der vielleicht auch zu seinem frühzeitigen Tod beitrug.

Bisher wurden über 1,5 Milliarden seiner Tonträger verkauft. Er erhielt 148 Gold- und Platinschallplatten. Er wirkte in 31 Spielfilmen mit, trat etwa 1500-mal im Fernsehen auf und nahm über 800 Songs auf. Seine Erben erhalten pro Jahr rund 100 Millionen Euro aus Musik- und Lizenzrechten. Die Eintrittsgelder in Graceland/Memphis (Wohnhaus und Grabstätte) belaufen sich jährlich auf ca. 15 Millionen Euro.

Elvis Presley

Elvis Presley ist neben Marilyn Monroe die amerikanische Kultfigur, die sich bis in die heutige Zeit vermarkten lässt, etwa mit T-Shirts, Postern, Aufklebern etc. Noch heute pilgern Tausende seiner Fans am Jahrestag seines Tods nach Graceland, schmücken sein Grab und bringen Geschenke mit.

Das Lied *Love me tender* ist der Titelsong des ersten Presley-Films und erreichte eine Singleauflage von sieben Millionen Stück.

LOVE ME TENDER

D29/30

E. Presley, *Love me tender*
Playback zu *Love me tender*

Text und Musik:
Vera Matson, Elvis Presley

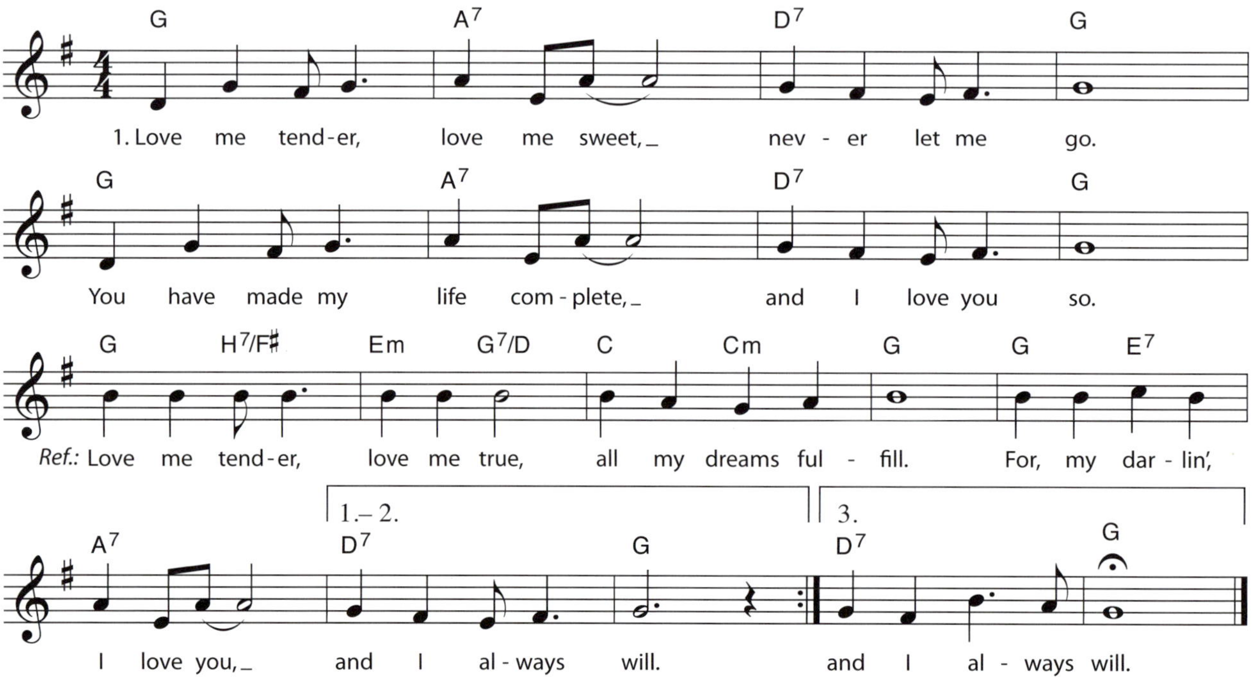

2. Love me tender, love me long, take me to your heart. For it´s there that I belong and we´ll never part.
3. Love me tender, love me dear, tell me you are mine. I´ll be yours through all the years till the end of time.

- *Wir stellen uns vor, wir sind Schauspielerinnen/Schauspieler und üben den Text unserer Rolle. Wir sprechen die einzelnen Zeilen des Lieds mit viel Ausdruck und übertriebener Gestik.*
- *Wir singen die ersten acht Takte des Lieds ausdrucksvoll und mit Gefühl auf Singsilben (engl. doo).*

ROCKSTAR

Playback zu *Rockstar*

D31

Text: Ines Reiger, Maria Schausberger
Musik: Ines Reiger
© Helbling

Quiz-Box 25

- Wann und wo ist der Rock 'n' Roll entstanden?
- Wie hieß der Song, mit dem Bill Haley 1955 die Rock-'n'-Roll-Welle einleitete?
- Was bezeichnet der Begriff Coverversion?
- Welcher Rock-'n'-Roll-Künstler erhielt den Beinamen King of Rock 'n' Roll?

◆ Mehr Fragen im MUSIKQUIZ

26 Kunstlied

Unter **Kunstlied** versteht man die Vertonung eines Texts im Bereich der E-Musik (Ernste Musik).

Für die Interpretation ist eine ausgebildete Singstimme notwendig. Die Sängerin/der Sänger wird in der Regel vom Klavier begleitet.

Lieder aus dem Popularmusikbereich rechnet man zur U-Musik (Unterhaltungsmusik).

Formen

Wenn eine Komponistin/ein Komponist jede Strophe eines Texts auf gleiche Weise (Melodie und Begleitung) in Musik setzt, nennt man dies **Strophenlied**.

Ist die Aussage einzelner Strophen so unterschiedlich, dass dieselbe Melodie nicht zu jeder Strophe passt, vertont die Komponistin/der Komponist die Strophen unterschiedlich. Dies nennt man **variiertes Strophenlied**.

Gibt es bei der Vertonung von Texten keine musikalischen Wiederholungen, nennt man dies **durchkomponiertes Lied**.

Einer der bedeutendsten Liedkomponisten ist **Franz Schubert** (1797–1828 / 31 J.). Er hat über 600 Lieder geschrieben. *Das Wandern* ist das erste von 20 Liedern aus dem Liederzyklus *Die schöne Müllerin*. (Liederzyklus = Sammlung von Liedern zu einem Themenbereich)

Franz Schubert

DAS WANDERN

D32

F. Schubert, *Das Wandern*

Text: Wilhelm Müller
Musik: Franz Schubert
Sing-mit-Stimme: Gerhard Wanker
© Helbling

▶ Zeichne während des Hörens der Strophen 2 bis 5 in die leeren Felder Bilder, die zum jeweiligen Strophentext passen!

2. Vom Wasser haben wir´s gelernt, vom Wasser!
Vom Wasser haben wir´s gelernt, vom Wasser!
Das hat nicht Rast bei Tag und Nacht,
ist stets auf Wanderschaft bedacht,
das Wasser, das Wasser, das Wasser, das Wasser.

3. Das sehn wir auch den Rädern ab, den Rädern!
Das sehn wir auch den Rädern ab, den Rädern!
Die gar nicht gerne stille stehn,
die sich bei Tag nicht müde drehn,
die Räder, die Räder, die Räder, die Räder.

4. Die Steine selbst, so schwer sie sind, die Steine!
Die Steine selbst, so schwer sie sind, die Steine!
Sie tanzen mit den muntern Reihn
und wollen gar nicht schneller sein,
die Steine, die Steine, die Steine, die Steine.

5. O Wandern, Wandern, meine Lust, o Wandern!
O Wandern, Wandern, meine Lust, o Wandern!
Herr Meister und Frau Meisterin,
lasst mich in Frieden weiterziehn
und wandern und wandern und wandern und wandern.

▶ In welcher Form wurde das Kunstlied *Das Wandern* vertont?
Kreuze die richtige Lösung an!

- ☐ Strophenlied
- ☐ variiertes Strophenlied
- ☐ durchkomponiertes Lied

Der Text spricht anhand verschiedener Beispiele aus der Natur Folgendes an: in Bewegung sein, Neues erkunden, in die Zukunft blicken …

▶ Was bedeuten diese Inhalte für dich? Sprecht darüber in der Klasse!

Sing-mit zu *Das Wandern*

- *Wir stellen verschiedene Verben aus der Wortfamilie „gehen" dar und führen die Bewegung aus: gehen – laufen – hüpfen – schleichen …*
- *Wir stehen locker in gerader Haltung und atmen aus. Nun breiten wir unsere Arme aus, atmen dabei ein, machen mit beiden Händen kurz eine kräftige Faust, lassen die Arme wieder locker fallen und atmen aus. (Öfter wiederholen!)*
- *Wir singen die folgenden Takte mit lockerem Unterkiefer und achten dabei auf saubere Intonation.*

▶ Im Notentext des Lieds ist die Sing-mit-Stimme blau markiert! Singt diese zum Tonbeispiel D32!

Das Wandern in verschiedenen Stimmlagen

D33–36

F. Schubert, *Das Wandern* – 1. Strophe (Sopran, Alt, Tenor, Bass)

▶ Präg dir beim Hören der Tonbeispiele D33–36 den Klang der einzelnen Stimmlagen (Sopran, Alt, Tenor, Bass) ein!

D37

F. Schubert, *Das Wandern* – Mix

▶ Im Tonbeispiel D37 kommen die vier Stimmlagen Sopran, Alt, Tenor und Bass in beliebiger Reihenfolge vor. Schreib die Anfangsbuchstaben der einzelnen Stimmlagen (S, A, T, B) in jener Reihenfolge, in der sie zu hören sind, in die leeren Kästchen! Du hörst die 1. und die 5. Strophe.

1. Strophe: ☐ ☐ ☐ ☐ ☐ ☐ ☐ ☐   5. Strophe: ☐ ☐ ☐ ☐ ☐ ☐ ☐ ☐

Erlkönig

Franz Schubert hat die **Ballade** (erzählendes Gedicht) *Erlkönig* von **Johann Wolfgang von Goethe** (1749–1832 / 82 J.) im Alter von 18 Jahren als durchkomponiertes Lied eindrucksvoll vertont.

Statue des Erlkönig in Jena

Inhalt

Die Ballade beschreibt den nächtlichen Ritt eines Vaters mit seinem Kind, das sich von der Gestalt des Erlkönigs (König der Elfen) bedroht fühlt. Der Vater versucht, seinen Sohn zu beruhigen und den Visionen des fiebernden Kinds natürliche Erklärungen zu geben, wie Nebel, das Rascheln der Blätter oder den Schimmer der Bäume.
Das Kind wird jedoch immer unruhiger; es fühlt sich mehr und mehr von gespenstischen Gestalten verfolgt. Als sich der Sohn schließlich vom Erlkönig tätlich angegriffen fühlt, verliert auch der Vater seine Fassung und versucht nur noch, so schnell es geht den heimatlichen Hof zu erreichen. Dort muss er erkennen, dass das Kind tot ist.

Text

▶ Im Text kommen ein Erzähler und drei verschiedene Personen vor (Erzähler = Ez, Vater = V, Kind = K, Erlkönig = E). Lies den Text und setz die Kennzeichnung der Textstellen fort, indem du den passenden Buchstaben vor die entsprechende Zeile schreibst! Lest den Text auch mit verteilten Rollen!

Ez
1. Wer reitet so spät durch Nacht und Wind?
Es ist der Vater mit seinem Kind;
er hat den Knaben wohl in dem Arm,
er fasst ihn sicher, er hält ihn warm.

V 2. Mein Sohn, was birgst du so bang dein Gesicht?
K Siehst, Vater, du den Erlkönig nicht?
Den Erlenkönig mit Kron' und Schweif?
V Mein Sohn, es ist ein Nebelstreif.

E
3. „Du liebes Kind, komm geh mit mir!
Gar schöne Spiele spiel' ich mit dir;
Manch' bunte Blumen sind an dem Strand,
meine Mutter hat manch' gülden Gewand."

4. Mein Vater, mein Vater, und hörest du nicht,
was Erlenkönig mir leise verspricht?
Sei ruhig, bleibe ruhig, mein Kind;
in dürren Blättern säuselt der Wind.

5. „Willst, feiner Knabe, du mit mir gehn?
Meine Töchter sollen dich warten schön;
meine Töchter führen den nächtlichen Reihn
und wiegen und tanzen und singen dich ein."

6. Mein Vater, mein Vater, und siehst du nicht dort
Erlkönigs Töchter am düstern Ort?
Mein Sohn, mein Sohn, ich seh' es genau:
Es scheinen die alten Weiden so grau.

7. „Ich liebe dich, mich reizt deine schöne Gestalt;
und bist du nicht willig, so brauch' ich Gewalt!"
Mein Vater, mein Vater, jetzt fasst er mich an!
Erlkönig hat mir ein Leids getan!

8. Dem Vater grauset's, er reitet geschwind,
er hält in den Armen das ächzende Kind,
erreicht den Hof mit Müh' und Not;
in seinen Armen das Kind war tot.

Musik

Bei dieser Komposition sind in der Klavierbegleitung die durchgehenden und schwierig zu spielenden Triolen in Akkorden kennzeichnend. Sie bringen das galoppierende Reiten und die dramatische Situation zum Ausdruck. In der letzten Textzeile „in seinen Armen das Kind war tot" setzt die Begleitung aus und das Stück endet mit zwei Schlussakkorden.
Die Interpretation dieses Lieds ist für jede Sängerin/jeden Sänger eine große Herausforderung, weil sie/er die drei verschiedenen Personen und den Erzähler stimmlich unterschiedlich gestalten muss.

F. Schubert, *Erlkönig*

D38

▶ Hör, wie der Gesangssolist die einzelnen Personen durch seine wechselnde Stimmgebung darstellt!

ERLKÖNIG-RAP

Playback zu *Erlkönig-Rap*

D39

▶ Gestaltet die Strophen des *Erlkönig* als Rap zum Playback D39! Der gesungene Refrain ist vorgegeben.

Form des Playbacks

4 T. **Intro**	8 T. **Refrain** gesungen	16 T. **Rapteil** Strophen 1–4	8 T. **Refrain** gesungen	16 T. **Rapteil** Strophen 5–8	8 T. **Refrain** gesungen

Quiz-Box 26

- Wenn ein Komponist jede Strophe eines Texts auf die gleiche Weise in Musik umsetzt, nennt man das …
- Wie nennt man ein Kunstlied, bei dem jede Strophe anders vertont wird?
- Wie viele Lieder komponierte Franz Schubert?
- Was versteht man unter einem Liederzyklus?
- Ein bekanntes Lied von Franz Schubert beginnt mit dem Text „Das Wandern ist …"
- Welche drei Charaktere kommen in Schuberts Lied *Erlkönig* neben dem Erzähler vor?

◆ **Mehr Fragen im MUSIKQUIZ**

27 Banuwa

Banuwa ist ein berühmtes Lied aus Liberia (Westafrika), das alljährlich bei einem Festival in der Hauptstadt Monrovia gesungen wird. Der Text des Lieds erzählt von einem schönen Mädchen, das nicht weinen soll. Das Lied kann ein- oder mehrstimmig gesungen werden.

BANUWA

D40 Playback zu *Banuwa*

Volkslied aus Liberia

- *Wir stellen uns im Kreis auf, machen eine leichte Grätsche und setzen die Fußsohlen fest auf den Boden. Nun beugen wir ein wenig die Knie und verlagern das Gewicht in langsamem Tempo von links nach rechts. Dabei heben wir die rechte bzw. linke Fußsohle vom Boden und stellen sie wieder hin. Die Arme baumeln locker neben dem Oberkörper. Unsere Atmung konzentriert sich auf den Bauch. Zu unserer Bewegung singen wir die erste Zeile des Lieds. Bewegung und Gesang sollen einen mit der Erde und Natur verbundenen Charakter vermitteln, wie das in afrikanischen Tänzen und Gesängen oft zum Ausdruck kommt.*

▶ Führt die Bewegungsgestaltung auch beim ein-/mehrstimmigen Singen des Lieds aus!

Opernkarten

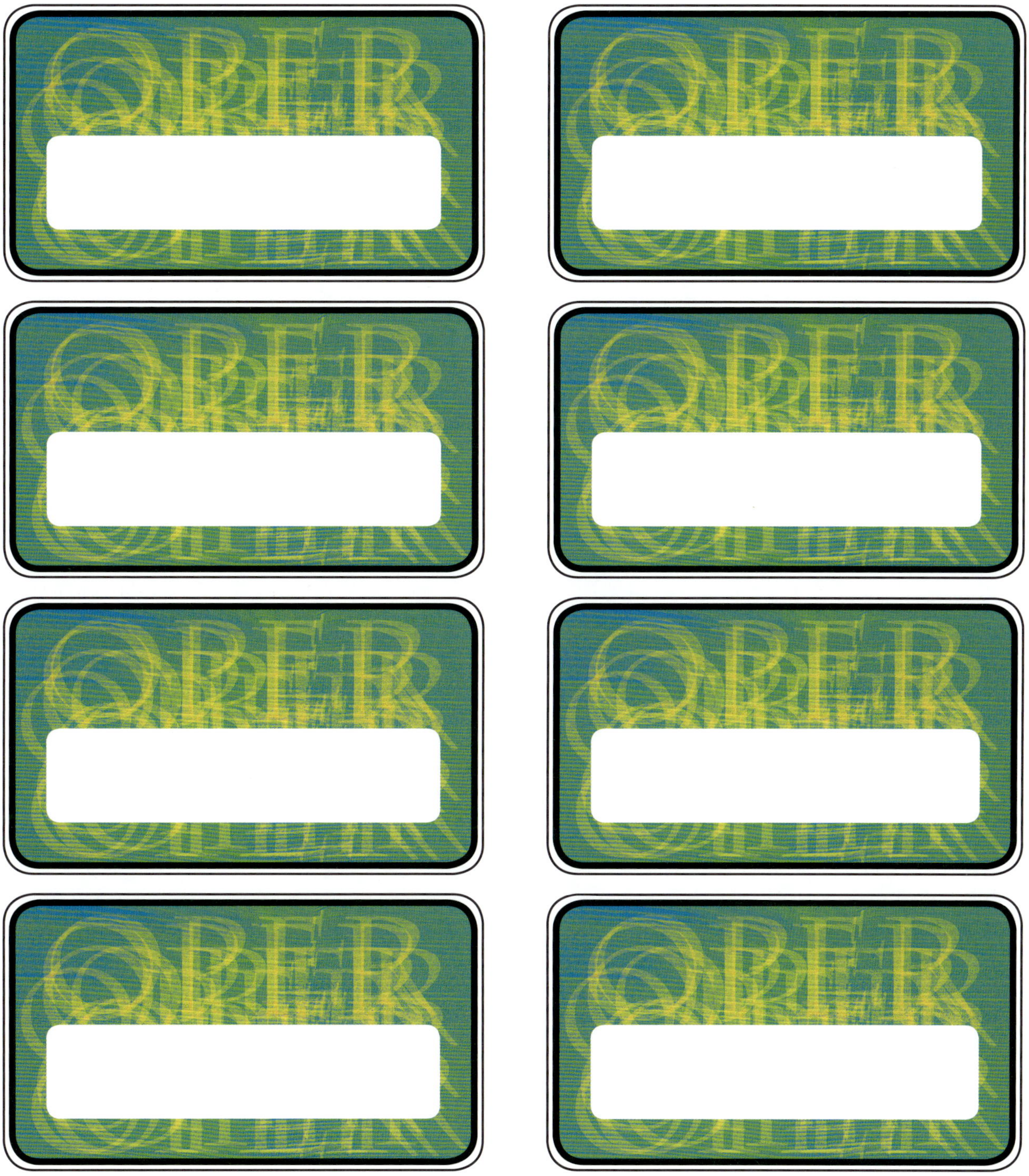

Puzzlekanon zum Ausschneiden

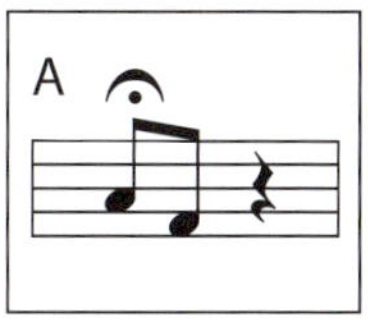

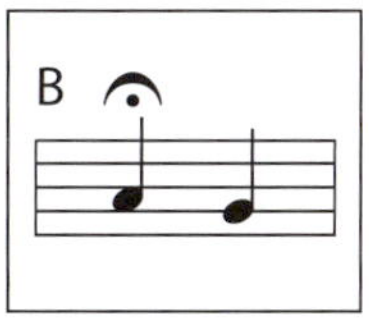

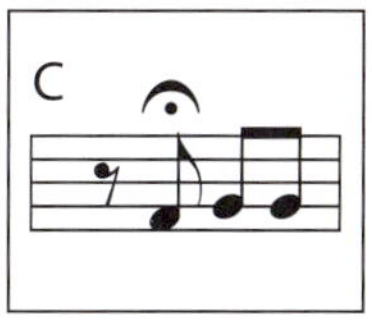

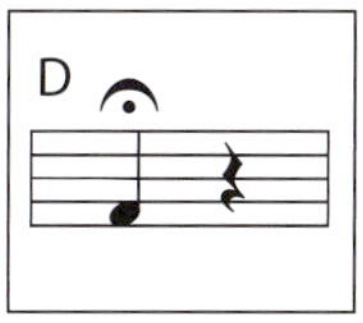

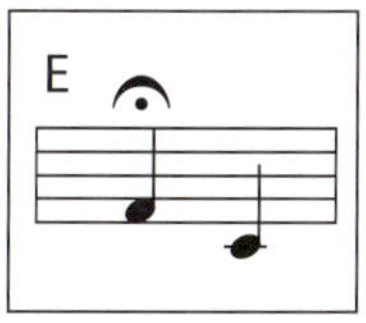

Instrumente – Einteilung

Nach der Art der Tonerzeugung werden Musikinstrumente in fünf Gruppen unterteilt:

1	**Idiofone** (Selbstklinger)	mit unbestimmter Tonhöhe	Claves Kastagnetten Holzblock Tempelblock Becken Hi-Hat Zimbeln Tamtam Triangel Cowbell Maracas Cabasa Schüttelrohr Guiro	
		mit bestimmter Tonhöhe	Xylofon Marimbafon Metallofon Vibrafon Glockenspiel Celesta Gong Röhrenglocken	
2	**Membranofone** (Fellinstrumente)	mit unbestimmter Tonhöhe	Handtrommel Kleine Trommel Große Trommel Snare Drum Tom-Tom Bongos Conga Tamburin	
		mit bestimmter Tonhöhe	Pauke	
3	**Chordofone** (Saiteninstrumente)	gestrichene Saiteninstrumente	Violine Viola Violoncello Kontrabass	
		gezupfte Saiteninstrumente	Harfe Zither Mandoline Balalaika Bouzouki Gitarre E-Gitarre Banjo	
		geschlagene Saiteninstrumente	Klavier Hackbrett	
4	**Aerofone** (Blasinstrumente)	Holzblasinstrumente	Instrumente mit Lippenpfeifen	Blockflöte Querflöte
			Instrumente mit einfachem Rohrblatt	Klarinette Saxofon
			Instrumente mit doppeltem Rohrblatt	Oboe Fagott
		Blechblasinstrumente	Trompete Horn Posaune Tenorhorn Tuba	
5	**Elektrofone** (elektrische Instrumente)		Synthesizer E-Piano E-Orgel E-Gitarre	

Übersicht Tonbeispiele

Audio CD A

Tonbeispiel	Seite	
A1	5	Playback zu *Singing*
A2	6	Playback zu *Offbeat-Singing*
A3	7	Playback zu *Klatschspiel*
A4–21	8	Beispiele zu Schlaginstrumente
A22	9	Beispiele zu Schlaginstrumenten-Quiz
A23	10	E. Varèse, *Ionisation* – Ausschnitt
A24	10	D. Weckl, *7th Ave. South* – Ausschnitt
A25	12	E. Idle, *Always look on the bright side of life*
A26	12	Playback zu *Always look on the bright side of life*
A27	16	Playback zu *Zungenbrecher-Medley 1*
A28	17	G. Pick, *Fiakerlied* (Alexander Girardi)
A29	18	Playback zu *Fiakerlied*
A30	19	R. Eilenberg, *Petersburger Schlittenfahrt* (Edison-Orchester Berlin)
A31	20	*We can work it out, Day Tripper, Yellow Submarine* (The Beatles) – Ausschnitte
A32	23	Playback zu *Phono-Plug-In*
A33	25	F. Loewe, *My Fair Lady, The rain in Spain* – Ausschnitt
A34	25	Playback zu *The rain in Spain*
A35	25	F. Loewe, *My Fair Lady, I could have danced all night*
A36	26	L. Bernstein, *West Side Story, Maria*
A37	26	L. Bernstein, *West Side Story, Tonight* – Ausschnitt
A38	27	L. Bernstein, *West Side Story, America*
A39	27	Playback zu *America*
A40	28	A. L. Webber, *Das Phantom der Oper, Denk an mich* – Ausschnitt
A41	28	A. L. Webber, *Das Phantom der Oper, Das Phantom der Oper* – Ausschnitt
A42	29	A. L. Webber, *Das Phantom der Oper, Maskenball* – Ausschnitt

Audio CD B

Tonbeispiel	Seite	
B1	30	B. Andersson, B. Ulvaeus, S. Anderson, *Mamma mia!*
B2	30	Playback zu *Mamma mia!*
B3	32	B. Andersson, B. Ulvaeus, S. Anderson, *Dancing Queen*
B4–11	33	Beispiele zu Musical-Memory
B12–17	34	Beispiele zu Konsonanz – Dissonanz
B18	34	Beispiele zu Entwicklung des Zusammenklangs
B19	36	M. Bruch, Violinkonzert g-Moll, 3. Satz – Beginn
B20	36	H. Vieuxtemps, *Capriccio für Viola solo* – Beginn
B21	37	N. Paganini, *Caprice Nr. 9* – Beginn
B22	37	N. Paganini, *Variationen über ein Thema aus Rossinis ‚Mose'* – Schluss
B23	37	R. Wagner, *Die Meistersinger von Nürnberg*, Ouvertüre – Ausschnitt (Kontrabass solo)
B24	37	R. Wagner, *Die Meistersinger von Nürnberg*, Ouvertüre – Ausschnitt (Orchester)
B25	38	Beispiele zu Streichinstrumenten-Pantomime
B26	38	F. Liszt, *Les Préludes* – Ausschnitt (Violinen)
B27	39	M. Ravel, *La Valse* – Ausschnitt (2x) (Violine solo)
B28	39	P. I. Tschaikowsky, Sinfonie Nr. 4, 3. Satz – Beginn
B29	39	R. Wagner, *Der Fliegende Holländer*, Ouvertüre – Ausschnitt (Violinen)
B30	40	G. Bizet, *Carmen*, Ouvertüre – Ausschnitt
B31	40	C. Saint-Saëns, Violinkonzert, 2. Satz – Schluss

B32–40	40	Beispiele zu Spielarten-Repeat
B41–44	41	Beispiele zu Violinen-Olympiade
B45	42	N. Rimski-Korsakow, *Hummelflug*
B46	43	N. Rimski-Korsakow, *Hummelflug* (Yo-Yo Ma, Bobby McFerrin)
B47	44	Playback zu *Hark, the herald angels sing*
B48	44	*Hark, the herald angels sing* (Take Six)
B49	45	G. F. Händel, *Der Messias, Halleluja*
B50	46	T. Parker, *The young Messiah, Hallelujah*
B51	46	M. Warren, M. Kibble, *Every valley shall be exalted*
B52	50	Th. Wanker, *Fatal Discovery*

Audio CD C

Tonbeispiel	Seite	
C1	52	P. I. Tschaikowsky, *Schwanensee*, 2. Akt, Nr. 13 – Ausschnitt
C2	52	Harfe, drei verschiedene Glissandi
C3	53	A. Karas, *Harry-Lime-Thema*
C4	53	E. Di Capua, *O sole mio* (Mandolinenorchester)
C5	54	W. A. Mozart, *Don Giovanni, Ständchen* (Mandoline solo) – Ausschnitt
C6	54	W. A. Mozart, *Don Giovanni, Ständchen* (Original) – Ausschnitt
C7	54	*Orientalischer Tanz* (Orig. russ. Balalaika-Ensemble ‚Wolga')
C8	54	M. Theodorakis, *Sirtaki*
C9	56	Flamenco *El Vito*
C10	57	Playback zu *Zungenbrecher-Medley 2*
C11	58	A. Safer, *Waldviertler Baguette*
C12	59	Playback zu *Wia reimt si dås zusåmm'?*
C13	61	G. F. Händel, Suite in d-Moll, Allemande
C14	61	G. F. Händel, Suite in d-Moll, Courante
C15	61	G. F. Händel, Suite in d-Moll, Sarabande
C16	61	G. F. Händel, Suite in d-Moll, Gigue
C17	62	Playback zu *Sarabande*
C18	63	J. S. Bach, *Air*
C19	63	P. I. Tschaikowsky, *Tanz der Rohrflöten* (Flöten solo)
C20	63	P. I. Tschaikowsky, *Tanz der Rohrflöten* (Orchester)
C21	64	Playback zu *Gassensong*
C22	66	Vier Trompetenbeispiele
C23	67	Trompete und Flügelhorn
C24	67	Jagdsignal (Horn)
C25	67	W. A. Mozart, Hornkonzert Nr. 3 – Romanze
C26	69	J. P. Sousa, *The Washington Post* (Tenorhorn) – Ausschnitt
C27	69	R. Wagner, *Tannhäuser,* Ouvertüre (Posaune) – Ausschnitt
C28	69	H. Berlioz, *Fausts Verdammnis* (Tuba) – Ausschnitt
C29	72	G. Bizet, *Carmen*, Ouvertüre – Ausschnitt
C30	72, 73	L. v. Beethoven, *Fidelio, Gott, welch Dunkel hier!* – Ausschnitt
C31	72, 74	W. A. Mozart, *Die Zauberflöte, Der Hölle Rache*
C32	72, 75	W. A. Mozart, *Die Zauberflöte, Pa- Pa- Pa*
C33	72, 76	G. Gershwin, *Porgy and Bess, Summertime*
C34	76	Playback zu *Summertime*
C35	72, 77	G. Puccini, *Turandot, Nessun dorma*
C36	72, 78	G. Verdi, *Nabucco, Va pensiero* – Ausschnitt
C37	78	Playback zu *Va pensiero*
C38	79	Playback zu *Puzzlekanon*

Audio CD D

Tonbeispiel	Seite	
D1–4	80	Beispiele zu Programmmusik
D5	81	F. Smetana, *Die Moldau, Quellen* – kommentierte Fassung
D6	81	F. Smetana, *Die Moldau, Quellen* – Original
D7	81	F. Smetana, *Die Moldau, Waldjagd*
D8	82	F. Smetana, *Die Moldau, Bauernhochzeit*
D9	84	R. Fendrich, *Razzia*
D10	84	Playback zu *Razzia*
D11	86	Söhne Mannheims, *Das hat die Welt noch nicht gesehen*
D12	88	Playback zu *Kometen*
D13	90	J. S. Bach, Partita c-Moll, Allemande (Altblockflöte) – Beginn
D14	90	A. Dorwarth, *Articulator 1* (Altblockflöte) – Beginn
D15	91	C. Debussy, *Prélude à l´après-midi d´un faune* (Querflöte) – Ausschnitt
D16	91	S. Prokofjew, *Leutnant Kishe* (Piccolo) – Ausschnitt
D17	91	J. S. Bach, *Badinerie*
D18	91	N. Rimski-Korsakow, *Der goldene Hahn* (Klarinette) – Ausschnitt
D19	91	I. Strawinsky, *Le sacre du printemps* (Bassklarinette) – Ausschnitt
D20	92	Beispiele Saxofon klassisch (S., A., T., Brt.)
D21	92	C. Parker, *The hymn* (Saxofon Jazz) – Beginn
D22	92	J. S. Bach, *Brandenburgisches Konzert* Nr. 2, 2. Satz (Oboe) – Ausschnitt
D23	92	A. Dvořák, Sinfonie *Aus der neuen Welt*, 2. Satz (Englischhorn) – Ausschnitt
D24	93	P. Dukas, *Der Zauberlehrling* (Fagott) – Ausschnitt
D25	93	M. Ravel, *La Valse* (Kontrafagott) – Ausschnitt
D26	93	Instrumentenquiz – Holzblasinstrumente
D27	94	B. Haley, *Rock around the clock*
D28	94	Playback zu *Rock around the clock*
D29	96	E. Presley, *Love me tender*
D30	96	Playback zu *Love me tender*
D31	97	Playback zu *Rockstar*
D32	98	F. Schubert, *Das Wandern*
D33–36	100	F. Schubert, *Das Wandern* – 1. Strophe (Sopran, Alt, Tenor, Bass)
D37	100	F. Schubert, *Das Wandern* – Mix
D38	101	F. Schubert, *Erlkönig*
D39	101	Playback zu *Erlkönig-Rap*
D40	102	Playback zu *Banuwa*

Übersicht Multimedia-DVD

Videos

Seite	
9	Schlaginstrumente
10	Drum Set
28	A. L. Webber, *Das Phantom der Oper, Das Phantom der Oper* – Ausschnitt
29	A. L. Webber, *Das Phantom der Oper, Maskenball* – Ausschnitt
35	Geigenbau
36	M. Bruch, Violinkonzert g-Moll – Beginn
37	N. Paganini, *Variationen über ein Thema aus Rossinis ‚Mose'* – Schluss

Multimediale Spiel-mit-Sätze

Multimediale Hörpartituren

Animationen

Layoutkonzeption und Umschlaggestaltung: Schröder Design, Leipzig
Satz: Heinz Hanuschka, Innsbruck
Notensatz: Silke Wittenberg, Bautzen

Illustrationen
Eike Marcus, Berlin: 13, 16, 43, 48, 57, 59, 64, 79, 84, 85, 95, 99, 102
Jana Aschauer, Innsbruck: 90 (1)
Fides Friedeberg, Bonn: 90 (4, 5)
Doris Oppenauer, St. Valentin: 65 (4, 6)
Soujon Design, Bremen: 70

Bildnachweis
AKG-Images: 17 (Bild 3), 19 (Bild 5); AKM: 21 (oben); Christophe Alary/Flickr: 49 (2); Aniada a Noar: 58 (oben); Apple Inc.: 20 (unten); Arent/Wikipedia: 54 (oben); Archiv: 40, 80 (oben); Don Arnold/Wireimage/Getty Images: 28 (unten); Austro Mechana: 21 (unten); Bettmann/Corbis: 24 (unten); Dave M. Benett/Getty Images: 30 (oben); Bildagentur für Kunst, Kultur und Geschichte/SBB/Ruth Schacht: 45 (oben); Bildagentur für Kunst, Kultur und Geschichte/Gerard Le Gall: 60; Brady-Handy Photograph Collection/United States Library of Congress: 17 (Bild 1); Norman Bruderhofer/Wikipedia: 19 (Bild 4); Henrietta Butler/Redferns/Getty Images: 77; Dom Dada/Flickr: 24 (oben); Dreamland Recording Studios: 43; Holger Ellgaard/Wikipedia: 17 (Bild 2); Simon Fergusson/Getty Images: 29; Frickn51/Flickr: 36 (unten); Helbling: 8 (Nr. 1, 7, 8), 9 (Nr. 12, 13, 18), 22 (oben), 35 (oben: Violine, Viola), 53 (oben), 54 (unten); Intense Music: 94; Robbie Jack/Corbis: 74; Anirudh Koul/Flickr: 49 (5); Martin Kugi: 38 (unten); Arun Kulshreshtha/Wikipedia: 20 (oben); Küng Blockflöten GmbH: 90 (6); Lofor/Wikipedia: 100; Terrence McCarthy/San Francisco Opera: Cover (links oben); Thommy Mardo: 86, 87 (oben); MITO SettembreMusica/Flickr: 49 (4); Vaughan Nelson/Flickr: 36 (oben); Photodisc: 8 (Nr. 2, 5, 6, 9), 9 (Nr. 10, 11, 15–17), 10, 35 (oben: Violoncello, Kontrabass, unten: Violine), 52, 53 (unten), 65 (2, 5, 8), 66 (4), 69 (2), 90 (2), 91 (1, 2), 92 (1, 2, 4), 93 (links oben); Gabriele Prantner: 66 (3), 67 (unten), 91 (4), 92 (5, 6); RCA Records/Sony Music: 46 (oben); Manfred Rechberger: 22 (unten), 66; Reprise Records: 46 (unten); Luis Sarabia/Flickr: 83; Beatriz Schiller/Time & Life Pictures/Getty Images: 76 (unten); Caesar Sebastian/Flickr: 49 (3); Greg Del Sesto/Boston Lyric Opera: 75; Sonor: 8 (Nr. 3, 4), 9 (Nr. 14); Gerhard Wanker: 29 (unten); The Yorck Project/Wikipedia: 61; Andreas Thum/Wikipedia: 87 (unten); Yoshikazu Tsuno/Getty Images: 45 (unten); United States Library of Congress: 26 (oben), 76 (oben), 96; Universal Pictures: 30 (unten); Kerem Unterberger: Cover, 5, 7, 14 (unten), 15, 32, 37, 38 (oben rechts), 39, 47, 49 (1), 55, 56, 58 (unten), 63, 65 (7), 66 (1), 68, 69 (1), 90 (3), 91 (3), 93 (rechts oben, unten); Andrew H. Walker/Getty Images: 26 (unten); Wikipedia: 80, 90; Monique Wingard/Flickr: 28 (oben); Simon Varwell/Flickr: 81; Pierre Verdy/AFP/Getty Images: 27 (oben): Yamaha: 65 (1, 3, 9), 66 (2), 67 (oben), 69 (3), 91 (5), 92 (3); Bo Zaunders/Corbis: 78